江苏高校哲学社会科学研究重大项目（2019SJZDA033）资助

农业对外开放合作风险防范体系架构研究
——以国家首批农业对外开放合作试验区连云港为例

Research on the Structure of Agricultural Opening-up Cooperation Risk Prevention System
—Take Lianyungang, One of the Country's First Agricultural Opening-up Cooperation Pilot site, as an Example

朱春江　著

西南交通大学出版社
·成　都·

图书在版编目（ＣＩＰ）数据

农业对外开放合作风险防范体系架构研究：以国家
首批农业对外开放合作试验区连云港为例 / 朱春江著
. 一成都：西南交通大学出版社，2021.12
ISBN 978-7-5643-8549-1

Ⅰ. ①农… Ⅱ. ①朱… Ⅲ. ①农业合作 – 对外经济合
作 – 风险管理 – 研究 – 连云港 Ⅳ. ①F327.533

中国版本图书馆 CIP 数据核字（2021）第 268963 号

Nongye Duiwai Kaifang Hezuo Fengxian Fangfan Tixi Jiagou Yanjiu
—— yi Guojia Shoupi Nongye Duiwai Kaifang Hezuo Shiyanqu Lianyungang wei Li

农业对外开放合作风险防范体系架构研究
—— 以国家首批农业对外开放合作试验区连云港为例

朱春江 / 著

责任编辑 / 李芷柔
封面设计 / 原谋书装

西南交通大学出版社出版发行
（四川省成都市金牛区二环路北一段 111 号西南交通大学创新大厦 21 楼　610031）
发行部电话：028-87600564　028-87600533
网址：http://www.xnjdcbs.com
印刷：成都蜀通印务有限责任公司

成品尺寸　170 mm × 230 mm
印张　13　字数　189 千
版次　2021 年 12 月第 1 版　　印次　2021 年 12 月第 1 次

书号　ISBN 978-7-5643-8549-1
定价　68.00 元

课题简介

课题组主持人： 朱春江

课题组成员： 范郁尔　骆汝九　许　强　朱　荣　吴成洲

课题类型： 江苏高校哲学社会科学研究重大项目

课题编号： 2019SJZDA033

课题名称： 农业对外开放合作风险防范体系架构研究
　　　　　　——以国家首批农业对外开放合作试验区连云港为例

Research on the Structure of Agricultural Opening-up Cooperation Risk Prevention System——Take Lianyungang, One of the Country's First Agricultural Opening-up Cooperation Pilot site, as an Example

农业是国家的基础产业，它所生产的食物，可为人类的繁衍和生息、社会文明的发展提供动力。农业产业的发展事关国家的安全和稳定，农业产业对外开放合作是农业发展的未来趋势，而农业对外开放合作面临的风险是 21 世纪以来农业产业发展不可避免的问题。近年来，为贯彻中央 1 号文件关于农业对外合作的总体部署，加快推进"一带一路"建设和农业"走出去"的战略，农业农村部开展农业对外合作建设试点，为企业走出去搭建平台，连云港农业对外开放合作试验区被遴选为国家 10 家试验区之一，按照农业农村部要求，试验区要充分发挥自身区位优势和对外合作优势，优化空间布局，建立健全运营管理与服务机制、风险防控体系，探索积累可复制、可推广的经验。由此可见，进行农业对外开放合作风险防范体系架构研究具有一定的理论价值和现实意义。

目前实证性的区域农业对外开放合作风险防范研究尚处于起步阶段，内容并无实质性进展。而本书试图运用较先进的理念、科学的方法和手段对农业对外开放合作风险预警及防范进行研究，旨在为区域农业对外开放合作风险防范理论提供一些思想和方法，为政府有关部门决策时提供参考。

本书为江苏高校哲学社会科学研究重大项目"农业对外开放合作风险防范体系架构研究——以国家首批农业对外开放合作试验区

连云港为例"（编号：2019SJZDA033）的研究成果，并且得到了连云港市第六期"521高层次人才培养工程"（2021）资助，以生态文明、科学发展观、和谐理论、可持续发展为理论基础，综合运用了管理学、农业经济学、系统科学、数理统计学、新制度经济学、D-S信息融合理论、神经网络理论等多学科理论和方法，对农业对外开放合作风险防范体系架构进行了深入系统的研究，主要内容有：

第一，对国内外研究现状及趋势进行了综述研究，并给出了研究目标、研究内容、拟突破的重点、难点和创新之处，以及研究思路、研究方法等。

第二，以生态文明、科学发展观、和谐理论、可持续发展作为理论基础，从"生态"理念、"低碳"理念、"循环"理念、"生态文明"理念等方面对对外开放合作中农业发展内涵进行了探析。

第三，农业科技创新是农业对外合作取得优势的一个重要条件，本书基于中美农业科技创新模式对比，来分析研究农业对外合作中科技创新优势因素。科技创新为美国农业现代化提供了动力源泉，完善的"产、学、研"三位一体的农业创新体系是其农业现代化的根本保障。美国农业科技创新在完备的法律保障体系、完善的科技创新体系、高素质的人才队伍建设、科技开发及推广资金筹集方式、现代农业高新技术广泛应用等方面值得中国农业借鉴。

第四，以中国—东盟农业对外开放合作为例，在"一带一路"倡议下，运用要素禀赋理论，从对外投资资本禀赋、对外贸易要素禀赋、资源要素禀赋、农业技术禀赋等方面对中国与东盟农业合作潜力进行了分析，中国在资本、农业技术等禀赋要素存在一定的优势，东盟国家在人力资源成本、自然资源等禀赋要素方面存在优势，通过中国与东盟农业合作的要素禀赋优势互补，从而实现中国与东盟农业合作的共赢，促进中国—东盟之间农业合作可持续发展。

第五，以江苏连云港为例，在"一带一路"倡议下，先运用SWOT理论对中国连云港农业对外开放合作的优势、劣势、机遇与威胁进行分析，再对中国（连云港）及其东道国农业对外开放合作风险因素进行论述，最后针对农业合作风险提出优化政策环境、抓住战略机遇、做好产业规划、发挥要素禀赋、引进高端人才等对策，从而有效地对农业对外开放合作进行风险防范，促进农业对外合作可持续发展。

第六，随着中国农业对外开放合作的不断推进，农业政策变动、国际农产品市场不稳定、汇率变动、贸易壁垒、跨文化冲突等一些深层次的风险问题逐步凸现出来，这势必影响到农业对外开放合作的进程。为了更好地应对风险，进行风险防控是实现农业对外开放合作的关键环节，通过对政府机构、高校及研究院所、企业（公司）三个层面共65家单位进行抽样问卷调查，并对132份问卷进行统计分析，结果表明，"政治风险"中的"东道国政治稳定性""经济风险"中的"贸易壁垒风险""社会文化风险"中的"知识产权保护风险""管理风险"中的"战略决策风险""突发事件风险"中的"突发重大公共卫生事件风险"是农业对外开放合作风险的重要防范指标，可为农业对外合作外开放合作风险进行预警防范、政府制定有关政策提供依据。

第七，21世纪以来，农业对外开放合作在进出口贸易、对外投资等方面取得了一定的成效，但同时也存在一定的风险，进行农业对外开放合作风险预警防范显得非常有必要。风险预警指标体系构建得是否科学是农业对外开放合作风险预警防范的重要前提。为了克服指标体系构建的主观性，先对历史文献的指标进行频度分析构建初步的指标体系，通过调查问卷让两组不同的专家对指标打分，根据其中的一组专家的指标调查分值运用李克特量表法进行指标筛选,根据另外的一组专家的指标调查分值运用主成分分析法进行指标筛选,再运用 D-S 理论对前两者方法筛选后的指标进行信息融合,从而得到相对科学合理的农业对外开放合作风险预警指标体系,为农业对外开放合作风险预警防范提供依据。

第八,针对目前农业对外开放合作风险预警研究较少状况,加之农业对外开放合作风险涉及政治、经济、社会文化、管理、突发事件等众多因素,是一个非常复杂的非线性系统工程,尝试运用层次分析法确定指标权重,用模糊数学对指标数据运用隶属度函数处理,再以一级模糊向量作为神经网络模型的输入,通过神经网络模型对农业对外开放合作风险进行预警。神经网络的非线性处理能力使农业对外开放合作风险预警更加科学化,通过实证研究表明该综合方法是一种行之有效的风险预警方法。

第九,对农业对外开放合作风险防范路径分析进行了系统研究,一是基于新制度经济学的农业对外开放合作风险防范制度及路径分析,探讨农业对外开放合作风险防范路径,以提升农业对外开放合作风险抵抗能力;二是通过对连云港农业产业集群模式及其集群效应的分析,提出连云港农业产业集群化发展策略,以提高连云港农业对外开放合作风险抵抗能力;三是提出提高农业对外开放合作风险抵抗能力的连云港新农村建设对策;四是提出通过科技创新提高农业对外开放合作风险抵抗能力对策;五是提出基于农业生态可持续发展视角的农业对外开放合作风险防范策略等。

本书主要取得创新之处包括:

一是基于李克特主成分 D-S 理论的农业对外开放合作风险预警系统构建,该综合方法进行指标筛选及指标系统构建具有一定的创新性。

二是运用模糊神经网络模型对农业对外开放合作风险进行预

警，神经网络的非线性处理能力使农业对外开放合作风险预警更加科学化，运用神经网络的非线性处理能力来进行农业对外开放合作风险预警具有一定的创新性。

三是尝试运用新制度经济学的制度变迁理论、交易费用理论、产权理论对农业对外开放合作风险防范制度进行分析，具有一定的创新性。

本书是江苏高校哲学社会科学研究重大项目（编号：2019SJZDA033)"农业对外开放合作风险防范体系架构研究——以国家首批农业对外开放合作试验区连云港为例"的最终研究成果，得到了连云港市第六期"521高层次人才培养工程"（2021）资助，并且得到了西南交通大学出版社的大力支持和指导，谨此表示诚挚的谢意和衷心的感谢！在调研过程中，得到了商务部、江苏省农业农村厅、江苏省发展和改革委员会、连云港市农业农村局、连云港市农业对外经济合作中心、连云港海关、连云港市商务局、连云港市海州区商务局、连云港市海州区农业农村局、东海县农业农村局、连云港市赣榆区农业农村局、太仓市农业农村局、灌南县农业农村局、灌云县农业农村局、张家港市农业农村局、昆山市农业农村局、连云港市国际贸易促进委员会等政府机构；中国农业科学院、江泰风险管理研究院、美国田纳西州立大学、东北农业大学、河海大学、南京林业大学、江西财经大学、重庆师范大学、江苏海洋大学、淮阴师范学院、山东科技大学、山东财经大学、广东财经大学、连云港市社会科学院、连云港市农业科学院、江苏省社科院连云港分院等高校及研究院所；连云港宾利国际贸易有限公司、江苏海晟律师事务所、江苏海福特海洋科技股份有限公司、连云港海湾现代农业发展有限公司、连云港市敏旺水产品进出口有限公司、连云港每日食品有限公司、江苏领鲜食品有限公司、连云港东源食品有限公司、罗盖特（中国）营养食品有限公司、连云港超特食品有限公司、灌云县三星食品有限公司、江苏沃田集团股份有限公司、连云港味之素如意食品有限公司、江苏微康生物科技有限公司、江苏裕灌现代农业科技有限公司、佳禾食品工业股份有限公司、杭州酸莓果科技有限公司、灌云县大豆原种场、江苏瀛洲发展集团有限公司、青岛朝洋水产食品有限公司、台太兴业（常熟）食品有限公司、连云港元通食品有限公司、江苏荷仙食品集团有限公司、扬州天禾食品有限公司、扬州天成食品有限公司、扬州新世纪蔬菜食品有限公司、扬州华贵食品有限公司、扬州华祥食品有限公司、扬州市金绿维食品有限公司、扬州蓝宝石食品有限公司、扬州市富田食品有限公司、扬州绿佳食品有限公司等企业（公司）的大力支持，在此，对他们付出的辛勤劳动表示衷心的感谢！另外，本书参考并吸收了国内外大量的高质量学术专著、学术论文等文献资料，已在参考文献中列出，如有遗漏，特在此表示深深的歉意，这些成果给本人研究予以的启发和帮助，在此表示崇高的敬意和深深的感谢！

　　本书只是本课题组对农业对外开放合作风险防范体系的架构所做的一些探索研究，由于本人理论及经验还存在欠缺，错误和缺失在所难免，在此敬请各位专家和读者不吝赐教，多提批评和宝贵意见。

朱春江

2021 年 11 月

Brief Introduction

With the deepening of cooperation in agricultural opening-up, some deep-seated problems such as the instability of the international agricultural market, the accumulation of risks of agricultural opening-up cooperation, the lack of international vision of agricultural enterprises and the imperfect policy system are gradually emerging, which will inevitably affect the process of China's agricultural opening-up cooperation. In 2017, in the pilot construction of agricultural external cooperation carried out by Ministry of Agriculture and Rural Affairs, it is clearly required that the agricultural cooperation demonstration parks should establish and improve the operation management and service mechanisms and risk prevention and control systems, and explore and accumulate the experiences which may duplicate, and promote in order to promote the structural reform of the agricultural supply side and build a new system of open agricultural rural economy. Among them, the construction of risk prevention and control system is one of the key links to realize the success of agricultural opening-up cooperation. Therefore, it is of theoretical value and practical significance to study the structure of the risk prevention system of agricultural opening-up cooperation, which will provide theoretical basis for the agricultural sector to carry out the security of agricultural external cooperation.

This book is the research result of University Philosophical and Social Science Research Major Program of the Education Department of Jiangsu province, China, in 2019(Research on the Structure of Agricultural Opening-up Cooperation Risk Prevention System --- Take Lianyungang,

One of the Country's First Agricultural Opening-up Cooperation Pilot site, as an Example, 2019SJZDA033), and is sponsored by Lianyungang City "521 High-level Talents Program" (2021).

Based on the ecological civilization, scientific development view, harmony theory and sustainable development,this book makes comprehensive use of multidisciplinary theories and methods such as management science, agricultural economics, system science, mathematical statistics, new institutional economics, system engineering theory, D-S theory, neural network theory, etc., and makes an in-depth and systematic study on the structure of the cooperative risk prevention system for agricultural opening-up. The main contents of which are as follows:

First of all, the current situation and trends of research at home and abroad are reviewed, and the research objectives, research contents, the focuses of the proposed breakthrough, difficulties and innovations, as well as research ideas, research methods and so on are given.

Secondly, taking ecological civilization, scientific development view, harmony theory and sustainable development as the theoretical basis, the connotations of agricultural development in opening-up cooperation is discussed from the concepts of "ecology", "low carbon", "circulation", "ecological civilization" and so on.

Thirdly, agricultural science and technology innovation is an important condition for agricultural foreign cooperation to gain advantages. Based on the comparison of agricultural science and technology innovation model between China and the United States, this book studies the advantages of scientific and technological innovation in agricultural foreign cooperation. Scientific and technological innovation provides a source of power for the modernization of American agriculture, and the perfect "production, learning and research" trinity of agricultural innovation system is the fundamental guarantee of American agricultural modernization. The scientific and technological innovation of American agriculture is worthy of reference in China's agriculture in the aspects of perfect legal guarantee system, perfect scientific and technological innovation system, high-quality personnel construction, scientific and technological development and promotion of fund raising methods, and wide application of modern agricultural high-tech.

Fourthly, this book takes China-ASEAN agricultural opening-up cooperation as an example. Under the Belt and Road strategy, the potential of agricultural cooperation between China and ASEAN is analyzed from the aspects of foreign investment capital endowment, foreign trade factor endowment, resource factor endowment and agricultural technology endowment based on the factor endowment theory. China has certain advantages in capital, agricultural technology and other endowment factors, and ASEAN countries have advantages in terms of human resource cost, natural resources and other endowment factors. Through the complementary advantages of the factor endowments of China-ASEAN agricultural cooperation, China-ASEAN agricultural cooperation can be achieved in a win-win situation and promotes the sustainable development of agricultural cooperation between China and - ASEAN.

Fifthly, taking Lianyungang city in Jiangsu Province as an example, under the Belt and Road strategy, the advantages, disadvantages, opportunities and threats of China's Agricultural Opening-up Cooperation in Lianyungang are analyzed by SWOT theory. Then the risk factors of cooperation in agricultural opening-up in China (Lianyungang) and its host country are discussed. Finally, in view of agricultural cooperation risk, it is proposed to optimize the policy environment, seize strategic opportunities, make good industrial planning, give play to the factor endowment, introduce high-end talents and other countermeasures. Thus, we can effectively prevent the risk of agricultural opening-up cooperation and promote the sustainable development of agricultural cooperation with foreign countries.

Sixthly, with the continuous development of China's agricultural industry opening up to the outside world, some deep-seated risk problems, such as agricultural policy changes, instability of international agricultural market, exchange rate changes, trade barriers and cross-cultural conflicts, are gradually emerging, which will inevitably affect the process of agricultural opening-up cooperation. In order to deal with risks better, risk prevention and control is the key link to realize the agricultural opening-up cooperation. A sample survey of 65 units at the three levels of government, enterprises (companies), universities and research institutes was conducted, and 132 questionnaires were analyzed statistically. The results show that "the host country politics stability" in "the political risk", "the trade barrier risk" in "the economical risk", "the intellectual property rights protection risk" in "the social culture risk", "the strategic decision risk" in "the management risk", and "risk of a major public health emergency" in "risk of emergencies" are the important prevention indexes of the risk of agricultural opening-up cooperation, which can provide the basis for early warning and prevention of the risks of agricultural opening-up cooperation, and the government's formulating relevant policies.

Seventhly, in the 21st century, agricultural opening-up cooperation has achieved some results in import and export trade, foreign investment and so on. But at the same time there are certain risks, so it is very necessary to carry out early warning and prevention of the risk of agricultural opening-up cooperation. Whether the risk early warning index system is constructed scientifically is an important prerequisite for the early warning and prevention of risk in agriculture opening up to the outside world. In order to overcome the subjectivity of the index system construction, firstly the indexes of historical documents are analyzed frequently to construct the preliminary index system. Two different groups of experts were asked to score indexes through questionnaires. According to one of the experts' indicator survey score, the indexes are filtered by Likert scale Method. According to another group of experts' index survey score, the indexes are filtered by principal component analysis method. Then the D-S theory is used to integrate the indexes having filtered by using the former two methods, so as to obtain a relatively scientific and reasonable system of early warning index of agricultural opening-up cooperation risk, and to provide a basis for early warning and prevention of agricultural opening-up cooperation risk.

Eighthly, in view of the current situation of low-level research on the risk of agricultural opening-up cooperation, and the risk of agricultural opening-up cooperation involving many factors such as politics, economy, social culture, management and emergencies, which is a very complex nonlinear system engineering, this book tries to use analytic hierarchy process（AHP） to determine the weight of the indexes, and uses fuzzy mathematics membership functions to process index data. Then the first-level fuzzy vector is used as the input of the neural network model, and the risk of agricultural opening-up cooperation is early warned through the neural network model. The nonlinear processing power of neural network makes the risk warning of agricultural opening-up cooperation more scientific, and this comprehensive method is an effective risk early warning method through empirical research.

Ninthly, a systematic study is carried out on the analysis of the risk prevention paths of agricultural opening-up cooperation. First, it is agricultural opening-up cooperation risk prevention system and path analysis based on the new institutional economics. This research analyzes the risk of agricultural cooperation in opening up to the outside world by using theory of institutional change, transaction cost theory and theory of property rights in new institutional economics, and explores the risk prevention paths of agricultural opening-up cooperation from the aspects of transforming government functions, formulating talent policies and reforming system innovation to improve the resistances of agricultural opening-up cooperation risks. Second, through the analysis of Lianyungang agricultural industry cluster model and its cluster effect, the factors of Lianyungang agricultural industry cluster model are constructed, and the research points out the shortcomings in the development of Lianyungang agricultural industrial cluster, then puts forward Lianyungang agricultural industry cluster development strategies. Third, it puts forward the comprehensive agricultural development countermeasures, the new rural environmental management countermeasures, the agricultural information technology countermeasures, the new rural talents countermeasures, etc. to improve the resistances of the risk of agricultural opening-up cooperation. Fourth, it puts forward the national policy support, construction the perfect agricultural science and technology service system, increasing the construction of agricultural talents, improving the quality of workers, multi-channel financing and other countermeasures to improve the resistances of agricultural opening-up cooperation risk through scientific and technological innovation. Fifth, the research is agricultural opening-up cooperation risk prevention strategies research based on the perspective of sustainable development of agricultural ecology, and puts forward the connotation of sustainable development management of ecological agriculture, countermeasure research and guarantee system, etc.

目　录

第一章　农业对外开放合作风险防范研究概述

第一节　国内外研究现状、趋势以及研究理论意义和实践价值

一、国内外研究现状及趋势

　　国家间农业合作于 16 世纪出现在欧洲，农业科学技术不断进步推进了国家间农业合作。中国农业于 20 世纪 70 年代开启了同世界农业的全面合作。农业国际合作必然存在风险，进行农业对外开放合作风险防范非常有必要。近年来，国内外很多学者对农业对外合作风险进行了大量的研究。张立（2002）分析了我国产业对外开放中的风险的主要因素有民族产业的国际竞争力、外资政策的选择，以及外资独立的寻利动机等，并给出了应采取的对策；冯立刚等（2008）指出邓小平改革开放思想对于应对开放风险、促进社会主义现代化建设发展有重要的指导作用；刘振中等（2010）构建农业风险的稳健经营体系，将风险转移给拥有较多闲散资金的风险投资者和期货市场；成榕（2014）对边境地区农业合作条件进行了分析，提出农业合作发展的贸易风险防控战略措施。Silvia Amélia Mendonça 等（2011）对农业合作财务风险进行了分析，研究表明农业合作组织应该寻求社会和经济方面的平衡；Yanfen Dou（2013）等探讨了农产品质量安全风险的合作防范机制问题，并提出相应对策；Vilmar Rodrigues Moreira 等（2016）指出农业合作风险必须通过识别和

评估，并采取适当的对策来防范；Tina L. Saitone（2018）等研究表明农业合作过程中付款及时性或违约概率的适度改善可导致合作的市场份额和经济可行性大幅增加。

以上学者研究大多是通过对对外开放因素的分析，提出了农业国际合作风险防范措施，为农业对外开放合作及风险防范提供了有益的思路，但还存在不足，大多没有从系统的角度构建农业对外开放合作风险防范系统，相对来说，也缺乏一些定量分析来探寻农业对外开放合作风险产生的规律性。

二、研究的理论意义

随着农业对外开放合作的不断深入，一些深层次的问题如国际农产品市场不稳定、农业对外开放合作风险不断累积、涉农企业缺乏国际视野、政策体系不完善等问题正在逐步凸现出来。这些问题如不能很好地解决，势必影响到中国农业对外开放合作进程。2017 年农业农村部开展农业对外合作建设试点建设中，明确要求农业合作示范园区要建立健全运营管理与服务机制、风险防控体系，为推进农业供给侧结构性改革、建设开放型农业农村经济新体制，探索积累可复制、可推广的经验，其中风险防控体系构建是实现农业对外开放合作是否能取得成功的关键环节之一，所以运用管理学、农业经济学、系统科学、数理统计学、新制度经济学、D-S 信息融合理论、神经网络理论等多学科理论进行农业对外开放合作风险防范系统架构及预警研究，必将为农业部门开展农业对外合作建设安全保障提供理论依据。

三、实践价值

为贯彻近年来中央 1 号文件关于农业对外合作的总体部署，落实关于促进农业对外合作的若干意见、农业对外合作"十三五"规划精神，加快推进"一带一路"建设和农业"走出去"战略，农业农村部开展农业对外合作建设试点，为企业"走出去"搭建平台。经过评选，认定塔吉克斯坦—中国农业合作示范园等 10 个境外园区为首批境外农业合作示范区建设试点，认定海南省琼海市等 10 个试验区为首批农业对外开放合作试验区建设试点，其中连云港农业对外开放合作试验区被遴选为 10 家试验区之一，成为江苏省首个农业对外开放合作试验区，并于 2019 年 3 月 28～29 日举行了连云港农业对外开放合作试验区揭牌仪式。按照农业农村部"两区"发展的要求，充分发挥自身区位优势和对外合作优势，优化空间布局，建立健全运营管理与服务机制、风险防控体系，打造政策集成创设平台，探索积累可复制、可推广的经验。由此可见，进行农业对外开放合作风险防范体系架构研究具有一定的现实意义。

第二节　研究目标、内容、重难点与创新

一、研究目标

本书以历史文献资料及国内外相关研究成果为基础，运用管理学、农业经济学、系统科学、数理统计学、新制度经济学、D-S 信息融合理论、神经网络理论等多学科理论，以及对比、逻辑、系统分析等方法，通过农业对外开放合作风险防范系统构建和农业对外开放合作风险防范制度安排及路径选择研究，旨在为连云港等"一带一路"沿线城市开展农业对外开放合作示范区建设消除或减缓风险的发生，通过预警机制使农业对外开放合作风险消灭在萌芽状态，有利于农业对外更加开放格局的形成。

二、研究内容

1. 对国内外相关文献进行综述

对国内外农业对外开放合作文献进行综述，阐述研究问题产生的背景、研究目的、研究思路与方法、研究创新点等。

2. 对外开放合作中农业发展内涵探析研究

目前农业产业的研究更注重其功能及个案研究，理论研究较少，本书以生态文明理论、科学发展观、和谐理论和可持续发展理论为指导，从生态、低碳、循环经济、生态文明的视角探析农业产业建设发展的内涵，增强农业对外开放合作风险抵御能力，对农业对外开放合作风险防范体系架构研究具有一定的指导意义。

3. 基于中美农业科技创新模式对比分析农业对外合作中科技创新优势因素

为了提升中国农业科技创新能力，指导中国农业科技创新体系的建设，通过分析美国农业科技创新模式特点，对比中国与美国农业科技创新差距，并提出相应对策思路。研究结论为美国农业科技创新模式优势体现在美国农业完善的法律体系保障、完备的科技创新体系、高素质的人才队伍、充足的科技开发及推广资金、现代农业高新技术广泛应用等方面。建议中国农业科技创新应做好农业立法、构建完善的农业科技创新体系、打造一流的农业科技创新及推广应用人才队伍、建立多元化农业科技创新投资渠道、提高高科技在农业中的应用水平等工作，以期在农业对外合作中增强中国农业产业的竞争力。

4. 运用要素禀赋理论对中国——东盟农业合作潜力进行分析

"一带一路"倡议为中国—东盟农业合作提供契机，在"一带一路"倡议下，运用要素禀赋理论，从对外投资资本禀赋、对外贸易要素禀赋、资源要素禀赋、农业技术禀赋等方面对中国与东盟农业合作潜力进行了分析，中国在资本、农业技术等禀赋要素存在一定的优势，东盟国家在人力资源成本、自然资源等禀赋要素方面存在优势，通过中国与东盟农业合作的要素禀赋优势互补，从而实现中国与东盟农业合作的共赢，促进中国—东盟之间农业合作可持续发展。

5. 基于 SWOT 分析法的农业对外开放合作风险因素分析

"一带一路"倡议为农业对外开放合作提供了契机，在"一带一路"

倡议下，先运用 SWOT 理论对中国连云港农业对外开放合作的区位、经济、农业资源等优势，农业产业聚积度不高、对外合作高端人才缺乏等劣势，"一带一路"交汇点机遇、国家首批农业对外开放合作试验区机遇、国家自贸试验区等机遇，以及山东日照港口挑战威胁等进行分析，再对中国连云港及其东道国农业对外开放合作政治风险、自然风险、市场风险以及国际非关税贸易壁垒风险等因素进行论述，最后针对农业合作风险提出优化政策环境、抓住战略机遇、做好产业规划、发挥要素禀赋、引进高端人才等对策，从而有效地对农业对外开放合作进行风险防范，促进农业对外合作可持续发展。

6. 农业对外开放合作风险防范调查分析

随着中国农业对外开放合作的不断推进，农业政策变动、国际农产品市场不稳定、汇率变动、贸易壁垒、跨文化冲突等一些深层次的风险问题逐步凸现出来，这势必影响到农业对外开放合作的进程。为了更好地应对风险，进行风险防控是实现农业对外开放合作的关键环节，通过对政府、企业（公司）、高校及研究院所三个层面单位进行抽样问卷调查，并对问卷进行统计分析，找出农业对外开放合作风险的重要防范指标，可为农业对外合作外开放合作风险进行预警防范、政府制定有关政策提供依据。

7. 基于李克特主成分 D-S 理论的农业对外开放合作风险预警系统构建

为了克服指标体系构建的主观性，使构建的指标更具科学性，本书通过对历史文献的指标进行频度分析构建初步的指标体系，进而通过调查问卷让两组不同的专家对指标进行打分，再运用李克特量表法和主成分分析法分别进行指标筛选，最后运用 D-S 理论对前两者方法筛选后的指标进行信息融合，从而得到相对科学合理的农业对外开放合作风险预警指标体系。

8. 基于模糊神经网络模型的农业对外开放合作风险预警研究

针对目前农业对外开放合作风险预警研究较少的状况，加之农业对外开放合作风险涉及政治、经济、社会文化、管理、突发事件等众多因素，是一个非常复杂的非线性系统工程，尝试运用层次分析法确定指标权重，用模糊数学对指标数据运用隶属度函数处理，再以一级模糊向量作为神经网络模型的输入，通过神经网络模型对农业对外开放合作风险进行预警。神经网络的非线性处理能力使农业对外开放合作风险预警更加科学化，通过实证研究表明该综合方法是一种行之有效的风险预警方法。

9. 农业对外开放合作风险防范路径分析研究

一是基于新制度经济学的农业对外开放合作风险防范制度及路径安排；二是基于农业产业集群模式视角的农业对外开放合作风险防范策略研究；三是基于新农村建设可持续和谐发展视角的农业对外开放合作风险防范管理及对策研究；四是基于农业科技服务视角的农业对外开放合作风险防范策略研究；五是基于生态农业可持续发展视角的农业对外开放合作风险防范策略研究。

三、拟突破的重点、难点

重点是农业对外开放合作风险防范体系构建，农业对外开放合作风险预警，以及农业对外开放合作风险防范制度研究。

难点是运用系统分析的方法对农业对外开放合作风险防范架构研究过程中，涉及农业、海关、外汇、商务、物流、金融等机构的资料收集存在一定的难度，希望能得到相关部门的支持。

四、创新之处

1. 基于李克特主成分 D-S 理论的农业对外开放合作风险预警系统构建

在风险防范体系构建中，指标的选取是否合适直接影响到风险预警的能力，目前不少研究对于指标体系的选取基于知识、经验等主观定性确定，也有采用主成分分析法等进行筛选指标，这些方法具有一定的适用性范围。为了克服指标体系构建的主观性，使构建的指标具有一定的科学性，本研究拟通过对历史文献的指标进行频度分析构建初步的指标体系，进而通过调查问卷让两组不同的专家对指标进行打分，再运用李克特量表法和主成分分析法分别进行指标筛选，最后运用 D-S 理论对前两者方法筛选后的指标进行信息融合，从而得到相对科学合理的农业对外开放合作风险预警指标体系，该综合方法进行指标筛选及指标系统构建具有一定的创新性。

2. 运用神经网络模型对农业对外开放合作风险进行预警

通过预警模型来确定农业对外开放合作风险发生的可能性，这对农业对外开放合作显得非常有必要。农业对外开放合作风险涉及政治、经济、社会文化、管理、突发事件等众多因素，是一个非常复杂的非线性系统工程，尝试运用层次分析法确定指标权重，用模糊数学对指标数据运用隶属度函数处理，再以一级模糊向量作为神经网络模型的输入，通过神经网络模型对农业对外开放合作风险进行预警，神经网络的非线性处理能力使农业对外开放合作风险预警更加科学化，运用神经网络的非线性处理能力来进行农业对外开放合作风险预警具有一定的创新性。

3. 运用新制度经济学理论对农业对外开放合作风险防范制度进行分析

农业对外开放合作活动涉及国内外市场的不确定性、农产品的交易成本问题、影响资源配置效率的产权问题，以及节约交易费用的制度变迁问题，而新制度经济学侧重于进行交易成本方面的经济学研究，所以运用新制度经济学对农业对外开放合作风险防范进行制度分析具有一定的创新性。

第三节　研究思路、研究方法

一、研究思路

研究思路如图 1-1 所示。

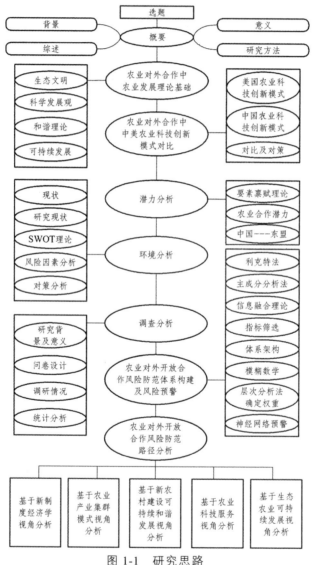

图 1-1　研究思路

二、研究方法

1. 文献分析法

充分利用现有的中国知网（CNKI）、维普、万方和 EBSCO 英文数据库等网络资源，同时阅读国内外有关专家、学者的专著，关注农业对外开放合作的最新研究成果。

2. 访谈法和问卷调查法

由于农业对外开放合作没有充足的现有资料可供参考，故通过专家访谈和问卷了解连云港市农业对外开放合作状况，特别是很多定性的分析需要听取专家的意见。

3. 实地调查法

由于有些数据较难从其他渠道获得，可以通过实地调查法对连云港市农业对外经济合作中心、连云港市农业龙头企业等企事业单位进行实地调查，从而获得第一手资料。

4. 定性方法和定量相结合的方法

农业对外合作风险防范指标构建时，先对历史文献的指标进行频度分析构建初步的指标体系，进而运用主观定性的方法让两组不同的专家对指标进行打分，再运用定量的李克特量表法和主成分分析法分别进行指标筛选，运用 D-S 理论对前两者方法筛选后的指标进行信息融合。

第二章　对外开放合作中农业发展内涵探析

第一节　农业产业发展的背景及意义

一、农业产业发展的背景

连云港农业产业有其存在的背景，一方面是国家层面的江苏沿海大开发战略，以及"一带一路"交汇点机遇、国家首批农业对外开放合作试验区机遇、国家自贸试验区机遇等，另一方面是国家社会主义新农村建设政策。

为抓住江苏沿海地区发展上升为国家战略的机遇，大力开创沿海地区科学发展新局面。据 2021 年 5 月 18 日新华日报报道，推进沿海地区高质量发展，是江苏"十四五"乃至更长时期的重大战略选择，事关全局、利在长远，现在其谋已定、其局已开，必须全力以赴、全面发力，兴起沿海地区发展的新热潮。沿海能源资源及储备潜力巨大，有条件承接国家重大战略设施建设；沃野千里、水系发达，有优势走出一条农业现代化发展之路。连云港作为江苏沿海开发中的龙头，其作用更加凸显。可以说，沿海大开发为连云港农业产业的发展提供了前所未有的机遇。

作为"一带一路"倡议特殊的"交汇点"连云港，要充分发挥"一带一路"倡议中的支点作用，是推动农业发展、农业对外合作的指导纲领。

2017 年 7 月，农业部关于认定 10 家首批境外农业合作示范区和农业对外开放合作试验区，连云港作为江苏唯一一家试验区入选，国家在政策、资金等环境方面大力支持连云港农业产业发展，为农业对外合作开放提供了历史机遇。

2019 年 8 月，作为国务院设立中国江苏仅有的三家自贸区之一的连云港自贸区，也为农业发展、农业对外合作开放提供了重要支撑条件。

21 世纪以来，中国新农村建设也进入了发展的快车道。21 世纪初，党中央提出的"生产发展、生活富裕、乡风文明、村容整洁、管理民主"的"二十字"方针，为社会主义新农村建设指明了道路和方向。可以说，国家的新农村建设政策推动了农业产业的快速发展。农业产业发展有利于调整农业产业结构，为农业对外开放合作奠定了坚实的基础。

二、研究意义

在发达国家，农业产业的理论研究和发展实践已经较为成熟，一些依托农业产业的特色农业产业已经成为一些国家国民经济的支柱产业，如荷兰的花卉产业集群、美国加利福尼亚的葡萄酒产业集群等。

由于农业产业理论在我国出现相对较晚，开始于 20 世纪 90 年代末期，相关的实践也较少，理论研究也相对滞后。通过对农业产业理论研究，旨在更好地指导农业产业的发展和产业政策的制定，促进农业产业的发展和农业结构的优化，更好地丰富农业产业理论在区域经济中的应用。所以农业产业的探索研究对农业对外开放合作农业产业竞争力的提升具有一定的理论价值与现实意义。

第二节　研究现状

目前国内外机构及专家学者对农业产业集群理论进行了探讨，这对丰富和发展农业产业理论起到一定的积极作用。

向会娟，曹明宏，潘泽江（2005）提出了农业产业集群的农业高科技园模式、中心企业型模式和市场型模式三种模式。

李志春（2006）认为，农业产业集群是以传统农业为中心，有大量专业化的企业及相关机构，由共性和互补性在农村（或城镇）范围内柔性集聚，结成密集的合作网络。

Kathryn J. Brasier，Stephan Goetz 等（2007）认为，产业集群是由产业中由地理位置相近，具有相同特征的、在业务活动上能够协调一致的并具有竞争力的部分产业构成的。

武云亮，董秦（2007）认为，农业产业集群是以农产品生产基地为龙头，以上下游具有共性和互补性的农业企业为龙身，辅之各类支撑服务体系，围绕着特定的农业产业链，在一定地理空间形成规模化的优势农产品产业集聚区。

龚学琴，张洪吉（2008）认为，农业产业集群是指在接近农产品生产基地的一定区域范围内，同处或相关于某一特定农业产业领域的大量企业和关联支撑机构，由于具有共性或互补性而与农产品生产基地相对集中在一起形成的一个有机群体。

王艳荣（2009）探讨了农业产业集群的大力培育龙头企业、规范农民合作组织、完善市场体系和加快农业科技进步等发展途径。

李碧宏（2012）以波特钻石模型为基础，从影响农业产业集群发展的生产要素、需求状况、相关产业和辅助产业、企业战略结构和竞争、机遇和政府等要素入手，分析了影响武陵山区农业产业集群发展的关键因素，并结合具体情况，提出了武陵山区农业产业集群发展的对策建议。

向明生（2016）认为现代农业整体发展理论是以农产品消费者作为产业发展的研究基点，采用由外而内，再由内而外的产业整体发展逻辑，其理论核心是通过为产业产品消费者创造价值而实现产业增值。

温小林，孙德举，庄义庆（2019）从产业融合理论视角探讨休闲农业产业发展，对休闲农业与区域农业经济发展关系做出量化分析。

张弛（2021）认为可以通过创新农业运行机制发展生物农业科技加快农业转型升级，推进"高产、优质、高效、生态、安全"农业的发展。

毫无疑问，上述专家学者对农业产业发展、产业集群发展模式等方面进行了有益的探讨，在理论上取得了一定的进展，但也有问题有待探讨和商榷。农业产业发展建设是否符合生态文明的标准、是否和谐、可持续发展、是否符合科学发展观，是否体现低碳、生态、环保的理念，是否具有循环经济特征等方面研究较少。

第三节　农业产业建设内涵的思考

中国农业文明自古以来就具有亲和自然之风之传统，在开发利用自然资源时候，都有恰当的固定时限和度数，按照规定的时节进行，充分体现了古代朴素的和谐可持续发展的理念。

然而自从工业革命以来，由于人类对自然资源没有节制地消耗，水资源匮乏，生态环境恶化，生态系统失衡等加剧了人类社会的困扰。值得欣慰的是，我国党和政府充分认识到和谐可持续发展的迫切性，提出了科学发展观为核心的生态、低碳、循环经济、生态文明的理念。这就对农业产业集群的发展和建设提出了更高的要求。

目前，不少学者对农业产业集群的研究更注重其功能及作用，主要有以下几个方面：一是农业产业集群的集聚效应或"乘数效应"；二是从市场竞争力角度进行研究；三是产业集群能有效促进企业技术创新；四是从专业化分工的角度去研究农业产业集群的优势等。

更多的学者侧重于地方农业产业集群的个案研究，对农业产业集群发展模式进行了探讨，进而提出农业产业集群发展对策。而科学发展观为核心的具有生态、低碳、循环经济、生态文明为特色的农业产业集群研究较少。所以进行这方面的研究对农业产业理论的发展具有十分重要的意义。

一、农业产业"生态"理念

生态农业最早于 1924 年在德国兴起，20 世纪 30 至 40 年代在英国、日本、瑞士等国也得到发展。1970 年美国土壤学家 W. Albreche 提出真正意义上的"生态农业"概念，其主要优势表现在对自然资源的充分利用、农业生产力的提高、农业生态环境的保护等。正如农学家石山所指出的那样，随着生态时代的到来，人类将由自然界的主人转变为自然界的伙伴，由征服自然界转变为与之和睦相处、协调发展。

农业产业集群建设必须以现代生态农业为基础，必须体现"生态农业"的理念。农业产业集群建设要改革农业经济发展模式，不能为了过度追求经济效益而忽视生态效益，要用全局的观点正确处理好社会、经济、资源、环境的关系，促进农业产业经济的迅速发展、自然资源的充分利用、农业生态环境的有效改善，从而实现"生态、经济、社会"三大效益的有机统一。

二、农业产业"低碳"理念

低碳指较低的温室气体排放，低碳产业是以低能耗低污染为基础的产业，低碳生态产业集群主要是指用生态工业园的理念与模式来发展和管理的低碳产业集群。所以，农业产业集群建设的发展要有低碳理念，不能危害到人类的生存环境和健康安全。农业产业集群建设的低碳化，其内涵主要包括以下几个方面：一是在植树造林、木业加工方面做好文章，大力培育林地，发展经济林、生态林，营造生物质能源林，合理利用林业资源，延伸产业链，努力打造木业产业集群，创造最佳的低碳、生态、经济社会效益；二是节水农业产业的建设，我国水资源总量（$2.8 \times 1\,012\ \mathrm{m}^3$）居世界第 6 位，人均占有量（$2\,700\ \mathrm{m}^3$）仅为世界人均占有量的 1/4，可以说水资源的匮乏已成为区域经济发展的瓶颈，制约我国现代农业的可持续发展，没有节水农业，也就谈不上农业产业的低碳化；三是有机农业产业的建设，要以生态环境保护和安全农产品生产为主要目的，大力发展有机农业生态产业，以有机无公害农产品种植产业集群为主体，努力打造新型农业的发展方向。

三、农业产业"循环"理念

农业产业集群建设应走现代化农业的道路，应该大力发展循环经济，能有效节约农业资源，节能增收，提高农业资源利用效率。要以"高产、高质、高效"为农业产业发展的切入点，以"生态、和谐、循环、再生"为农业产业发展的目标，在现代农业产业龙头企业发展、优质农产品生产基地建设等方面加快农业产业集群的建设，以生态农业循环经济、农业产业高新技术、优质安全农产品产业集群为主导，进而形成良性循环经济的现代高效生态农业产业集群。现代农业产业龙头产业集群以农产品加工产业为主线，一方面向市场延伸，另一方面向农业生产延伸，促进农产品生产、加工的规模化、产业化、专业化，逐步形成种植、养殖、加工、储存、运输、销售为一体化的现代农业产业集群经营模式。优质农产品产业集群生产基地是现代农业产业规模化生产、区域化布局的载体。在农业结构调整的基础上，积极开展无公害、绿色、节水、有机农产品生产基地建设。通过现代农业产业龙头企业发展、优质农产品生产基地建设等建立起结构合理的具有较强产业聚集度和转向扩散功能的现代生态农业经济走廊。

四、农业产业"生态文明"理念

党的十八大提出的"生态文明建设"与农业发展息息相关，本书以农业发展为切入点来探讨农业与生态文明之间的关系。农业与生态文明建设关系主要表现在农业设施与生态文明、农业环境与生态文明、农业产业与生态文明、农业科技与生态文明、农村文化与生态文明、农业政策与生态文明等方面。在科学发展指导下，只有做好农业设施投入、环境保护、资源节约、农业产业结构优化、现代农业科学技术合理利用、农村文化建设、农业政策制度建设等工作，才能实现人与自然的可持续发展，开拓农业生态文明发展道路。

（一）背　景

农业是国民经济的重要产业部门，为人类社会文明的发展提供了动力。在中国这片古老的土地上，悠久的农业历史孕育了中华民族灿烂的社会文明。"天人一体"的人与自然环境关系学说，"以时禁发"的利用自然资源原则等，体现了古代农业朴素的可持续发展理念。然而近几个世纪人类步入工业文明以来，在把自然资源转化为人类所需产品的过程中，对自然资源没有节制地消耗，造成了水资源污染、水土流失、土壤酸化、土地沙漠化、大气污染等生态环境恶化、环境承载能力下降、生态脆弱及系统失衡等一系列问题，这种掠夺式开发，严重地影响了农业的可持续发展，加剧了农业发展的困扰，不符合科学发展观的要求，制约着人类文明发展的进程，工业文明所创造的发展模式是不可持续的。然而值得欣慰的是，在党的十八大报告中第一次把"生态文明建设"与"经济建设、政治建设、文化建设、社会建设"并举，作为"五位一体"之一，充分体现了党十分重视生态文明建设，这是党执政理念的创新，是从国家层面立足于中国基本国情、关系人民福祉的正确决策。农业发展与生态文明建设息息相关，农业发展进程中进行生态文明建设，绝不能对资源进行掠夺式开发，应该加大农业设施投入力度、保护好生态环境、节约自然资源、进行农业产业结构优化、合理利用现代农业科学技术、加强农村文化建设和政策制度建设等，只有这样，才能实现资源的可持续利用，处理好人与自然的关系，从而实现农业产业的可持续发展，书写农业生态文明发展新的篇章。

（二）生态文明建设的内涵

传统意义上狭义的生态概念，是指人类的生存和发展所依赖的自然环境；广义上的生态指的是人、一切生物系统共同的生存环境和发展空间。作为人类生存繁衍发展的主要因素，它直接影响着一个国家或民族的政治、经济、文化多方面的命运和前途。"文明"一词来源于古希腊"城邦"的代称，是一个与"野蛮""愚昧""落后"相对应的范畴，是对人类物质的、政治的、文化的生活和生产方式以及相应的创造模式的总概括，是指人类文化发展的成果，是人类改造世界的物质和精神成果的总和，是人类社会进步的标志。

而生态文明是迄今为止，继原始文明、农业文明、工业文明后一种新的文明，是人类文明的高级形态，是人与自然交流融通的状态。生态文明是人类社会在反思全球性资源环境问题的过程中就自己的基本生存和发展问题做出的理性选择和科学回答，是文明理论研究的新课题和文明实践活动的新方向，是指一种发展理念，是对科学发展观的彻底贯彻。2007年，胡锦涛在学习贯彻党的十七大精神研讨班上对生态文明建设进行了科学的阐释，指出"建设生态文明，实质上就是要建设以资源环境承载力为基础、以自然规律为准则、以可持续发展为目标的资源节约型、环境友好型社会"。所以建设生态文明，以把握自然规律、尊重自然为前提，以人与自然、环境与经济、人与社会和谐共生为宗旨，以资源环境承载力为基础，以建立可持续的产业结构、生产方式、消费模式以及增强可持续发展能力为着眼点，以建设资源节约型、环境友好型社会为本质要求。2012年，李克强在中国环境与发展国际合作委员会年会开幕式上指出，要树立尊重自然、顺应自然、保护自然的生态文明理念，努力建设一个生态文明的现代化中国。可以说生态文明建设勾画了一个未来中国崭新的愿景。

（三）对农业发展与生态文明建设的思考

中国共产党第十八次全国代表大会上的报告中指出要大力推进生态文明建设，并把农业、农村、农民问题放在生态文明建设的突出位置，彰显了农业发展对生态文明建设起着举足轻重的作用。构建生态文明的首要任务就是建设生态农业的文明，没有农业生态文明，也就没有生态文明可言。中国是一个农业大国，农业生态文明建设进程关系到整个中国生态文明建设的进程。农业生态文明是指自然生态环境与农业的关系，良性的生态环境促进农业的发展，在农业生产中要着力形成和谐、良性、可持续的发展势头。

目前农业生态文明建设还存在诸多现实问题，主要存在农业基础依然薄弱、农业环境污染严重、农业产业结构不合理、农业科技发展的"双刃剑"、农村文化相对落后、农业法律政策还不完善等问题。农业发展还面临很多困难，不解决好这些农业根本问题，也就谈不上农业的现代化，更谈不上农业生态文明建设。所以从农业设施与生态文明、农业环境与生态文明、农业产业与生态文明、农业科技与生态文明、农村文化与生态文明、农业政策与生态文明等方面来探讨农业与生态文明建设关系，提出相对的对策措施，以实现人与自然的可持续发展，从而开拓农业生态文明建设新的发展道路。

1. 农业基础与生态文明

中国水资源总量（$2.8 \times 1\,012\;\mathrm{m}^3$）位居世界第 6 位，人均占有量（$2\,700\;\mathrm{m}^3$）仅为世界人均占有量的 1/4；据 2020 年统计年鉴数据表明，2019 年，农作物总播种面积 165\,931 千 hm^2，而早在改革开放之初的 1978 年，农作物总播种面积已达 150\,104 千 hm^2，41 年来只增长了 10.54%；2019 年农业生产总值为 123\,967.9 亿元，国内生产总值 986\,515.2 亿元，农业生产总值只占国内生产总值的 12.57%；全国水库只有 98\,112 座，有的还处于年久失修状态；农业机械总动力为 102\,758.3 万千瓦，整体农业机械化程序不高；再者农村发展远远落后于城市的发展，乡村公共设施建设相对落后，这些因素严重地制约了农业的可持续发展，影响到农业现代化的进程，也给农业生态文明建设带来了压力。

早在 2011 年，中央一号文件就指出农田水利建设滞后是影响农业稳定发展和国家粮食安全的最大"硬伤"，水利设施薄弱仍然是国家基础设施的明显短板。为此国家建立水利投入稳定增长机制，加大对农田水利等基础设施建设力度。党的十八大报告中也指出，坚持把国家基础设施建设和社会事业发展重点放在农村，深入推进新农村建设和扶贫开发，全面改善农村生产生活条件。这是国家对农业基础设施投入的指导性文件和报告，所以，第一要充分利用国家对农业投入的宏观政策，积极申报相关的国家、省、市级农业基础设施建设项目，争取立项以获取国家立项资金；第二要进行多元化投资模式探讨，政府制定优惠政策吸纳社会资金和外资进行农业基础设施的投入等；第三要形成以工哺农、以工促农、以工带农的农业基础设施投入促进农业发展的思路。通过改善农业基础设施，以改变农村面貌，增强农业发展的动力，实现农业农村发展的历史性跨越，为农业生态文明建设奠定良好的基础。

2. 农业环境与生态文明

自工业革命以来，人类干扰自然界、改造自然界的力量空前强大，经济迅猛发展的同时，也付出巨大环境代价。生态环境的恶化一方面是水土流失日趋严重，平均每年新增水土流失面积达 1 万 km^2；二是土地的荒漠化，每年以 2 460 km^2 速度扩展；三是大面积的森林锐减，天然植被遭到破坏；四是草地退化、碱化等日益增加，速度是每年 2 万 km^2。可以说日益严重的生态环境恶化，严重地阻碍了生态文明的建设。

长期以来随着工农业的迅猛发展，工业企业的大量有害污水排泄物，农业上除草剂、杀虫剂等大量农药污染物质进入自然循环系统，改变了生态系统的环境因素；农产品的废弃物加剧了资源和能源的浪费，影响了环境生态系统的平衡；大量盲目地施用化肥，破坏了土壤的内在结构，造成土壤板结，地力下降，严重地影响自然系统的物质循环。森林的砍伐、草场牧地的荒芜、农林种植面积的减少等，造成了生态系统的失衡，使自然生态系统进入恶性循环状态。

由此可见，一味掠夺自然资源以求得短期利益，就将使自然环境遭到破坏，使农业生产无法继续下去，这是一种愚蠢的"慢性自杀"行为。进行农业生态文明建设，改善农业生态环境，刻不容缓。进行生态文明建设，第一要对工业文明进行反思，不能为了经济效益而牺牲生态效益，要注重国民生态意识的培养，要树立环境保护意识；第二要做好防治化工企业的有害废气、废水、固体废弃物等排放工作；第三要大力发展有机农业、合理使用化肥肥料；第四要建立农村生活环境净化工程，重点做好化粪池改造、改厨、改水、改栏及农户生活废水净化工程；第五要做好植树造林、退耕还林、村庄绿化等工作，大力发展经济林、生态林，庭院果林等，努力打造山美水美的现代农业田园风光，谱写生态文明美丽篇章。

3. 农业产业与生态文明

农业是中国传统产业之一，在实现工业化进程中具有举足轻重的作用。但是由于长期粗放生产，农业生产消耗了大量的能源和资源，严重破坏了中国的生态环境，并制约了传统产业的可持续发展。传统的"高投入、高消耗、高污染、低效益"的农业发展方式与资源环境之间的矛盾日益尖锐，片面强调经济增长而忽视了生态环境。所以按照能源高效利用、资源循环利用、生态绿色环保的要求，促进各类资源的循环利用，从而达到农业生态文明建设的理念要求。

农业产业要从粗放型转向生态型，主要要大力发展循环经济、生态观光农业、低碳产业等。

（1）循环经济。

农业循环经济与传统农业经济不同，它倡导的是一种与环境和谐的经济发展模式，它要求把经济活动组织成一个"农业资源—农产品—再生资源"的反馈式流程，其特征是低开采、高利用、低排放。中国政府一直致力于推动循环经济模式来进行生态文明建设。早在 2012 年，时任总理温家宝主持召开国务院常务会议研究部署发展循环经济，会议指出发展循环经济是中国经济社会发展的重大战略任务，是推进生态文明建设、实现可持续发展的重要途径和基本方式。大力发展循环经济，能有效节约农业资源，节能增收，提高农业资源利用效率，可以说发展农业循环经济是建设我国农业生态文明的必然选择。

（2）生态观光农业。

观光农业是利用农业及农村自然景观结合农业生产经营活动、农村生活与文化，提供人们观光、休闲与体验的农业与生态旅游相结合的产业形式。生态观光农业要进行深度旅游产品开发，挖掘深层次文化底蕴，以更好地满足游客高品位消费的需求。通过生态观光业来带动区域内其他相关产业的链式发展，使区域的生态环境和自然资源等不断得以保护，向旅游公众展示人与自然环境和谐发展的生态文明形象。

（3）低碳产业。

"高能耗、高污染"经济模式是"自杀"的经济模式，走低碳产业道路，才是人与自然和谐可持续发展的需要，也是生态文明建设的需要。

农业生态文明建设要求农业产业的发展必须走低碳产业道路,应该大力发展植树造林运动,利用林业资源打造木业产业,又达到保护环境之目的。还要充分利用风能、水能、太阳能等清洁能源,从而推进能源的低碳化。

4. 农业科技与生态文明

科学技术是一柄双刃剑,一方面,人类借助科学技术创造了高度的现代文明。科技进步促进农民增收致富、推进社会主义新农村建设,建设生态文明、构建社会主义和谐社会,为推动经济社会又好又快发展发挥了重要作用;另一方面,由于人类不合理地利用科学技术造成了生态危机,这严重威胁着人类的生存与发展。生态环境问题的产生似乎使人们更多地看到了科技的局限性,看到了它像一柄高悬在人类头顶上的达摩克利斯之剑。转基因产品的潜在威胁,现代技术造成的能源过度开采,工业废气的排放造成的温室效应等,给农业发展带来深刻的危害。如果不进行深刻的技术变革,人类的生存和发展会受到严重的威胁,更谈不上生态文明的建设。

2012 年中央一号文件强调必须紧紧抓住世界科技革命方兴未艾的历史机遇,坚持科教兴农战略,把农业科技摆上更加突出的位置,下决心突破体制机制障碍,大幅度增加农业科技投入,推动农业科技跨越发展,为农业增产、农民增收、农村繁荣注入强劲动力,这是党和政府针对"三农"问题的英明决策,也给农业生态文明建设创造了历史机遇。生态文明是对工业文明的辩证否定,生态文明的基础是生态科技。农业生态科技创新主要要做好如下几方面工作:第一,增强全社会构建生态文明的意识、生态忧患意识,充分发挥农业生态文明建设的主观能动性。第二,加强现代科技技术的合理利用,充分利用计算机信息化技术、节水农业技术、复合种养技术、废弃物的无害化处理技术、低碳技术、节能降耗技术、精准农业技术等。第三,要研发有害生物诊断识别、预警及有效防控技术,新品种培育技术等。第四,在农业资源利用、病虫草害控制、生态修复、农产品安全技术等方面取得突破。通过农业科技创新来抢占未来农业科技竞争制高点,支撑和引领中国现代农业快速发展,创造现代农业生态文明。

5. 农村文化与生态文明

提升全社会的文明理念和素质,使人类活动限制在自然环境可承受的范围内,走生产发展、生活富裕、生态良好的文明发展之路,是生态文明建设的目标。生态文明的核心是人与自然和谐相处,新农村文化要通过发展生态文化,大力弘扬人与自然和谐相处的核心价值观,在农村地区树立生态文化道德观、价值观、消费观,形成尊重自然、热爱自然、善待自然的良好氛围,农村文化直接影响到农业生态文明的建设成效,没有广大农村文化建设,农业生态文明建设就成了无水之源,无木之本,所以加强农村生态文化建设显得尤为必要。

第一,重视社会主义新型农民的培养,因为占全国人口绝大多数的农民素质直接影响到生态文明建设的进程。加强生态教育宣传,营造良好的生态氛围,充分调动农民参加生态建设的积极性、主动性和创造性。第二,开展农民生态知识培训、送科技服务等活动,鼓励农民采用先进的农业技术,发展农村技能教育,实施农业实用技术的培训、农民绿色证书培训等,提升农民综合素质和能力,这是生态文明建设的重要条件。第三,要丰富农民的精神文化生活,通过农村广大农民喜闻乐见的乡村文化活动,树立讲卫生、讲文明、保护环境的良好社会风气,让生态文明理念占领农村文化广大阵地。第四,在生态文明建设中,注重引导群众积极参与,民主管理。通过召开村民代表大会,征求群众意见和建议,使村民生态意识提高,使村民自我教育、自我管理能力增强。

6. 农业法律与生态文明

生态是文明的载体,生态安全涉及国家安全。建设生态文明,是关系人民福祉、关系民族未来的长远大计。然而一方面过度地对自然资源的掠夺式开发,造成了环境的恶化;另一方面,一些不法企业,违法地生产有毒、有害食品等。这些做法与生态文明建设的精神背道而驰,严重地影响到农业发展格局、生态安全格局。生态文明建设除了进行宣传教育外，还要加强农业法制建设，建立强有力的保障体系，才能使农业生态文明走上健康发展的道路。

第一，要完善农业环境法律。要使农业生态文明建设有所成效，环境法律保障是必不可少。农业相关法律法规还有待进一步完善，从改革开放以来，我国已制定了九部环境保护法律，十多部与环境有关的资源保护法律、三十多项法规、四百六十六项环境标准。但总体上来看，法律体系还不够完善。所以在《中华人民共和国农业法》的基本原则指导下，健全法律法规，完善农业相关环境法律，要修订并完善已颁布的《中华人民共和国水污染防治法》《中华人民共和国循环经济促进法》《中华人民共和国野生动物保护法》《中华人民共和国农产品质量安全法》《中华人民共和国动物防疫法》《中华人民共和国草原法》等相关法律，为农业生态文明建设提供法律依据。第二，要加强法制建设。运用法治的力量大力推进生态文明建设，必须进一步提高法治意识，提高领导干部运用法治思维和法治方式的能力，加强科学立法、严格执法、公正司法和全民守法。2013年发布了《最高人民法院、最高人民检察院关于办理危害食品安全刑事案件适用法律若干问题的解释》，规定凡是使用有毒、有害的非食品原料加工食品，以及添加国家禁用的物质，均应以生产、销售有毒、有害食品罪定罪处罚，该罪最高处罚为死刑。2013年国务院总理李克强在国务会议上要求：严格监管，严厉打击食品安全违法行为。由此可见，党和政府已把食品生态安全提高到了前所未有的高度。第三，要健全法制保障体系。为了加强农业生态文明建设，一方面要确保生态环境保护的制度化；另一方面是要培养生态意识、可持续发展理念等，提高人们的生态素质；同时生态文明的建设需要有资金的保障，应健全生态效益的补偿机制，为农业生态文明建设提供坚实的后盾。

（四）本节小结

自从2004年以来，中央一号文件连续多年聚焦"三农"，由此可见，党和政府把"三农"问题作为头等大事来抓。"三农"问题成为制约中国现代化的主要因素，可以说，没有农业的现代化，也就没有中国的现代化。只有建设高度的农业生态文明，农业现代化才能得以实现。进行农业生态文明建设，政府要作为主体要加大农业设施投入力度，改变农业基础薄弱环节；要提高全民的环境保护意识，加强生态环境保护措施；调整农业粗放型产业向生态型产业的转化，进行农业产业结构优化调整；通过生态科技创新抢占未来农业科技竞争制高点，通过生态科技进步促进农民增收致富；加强农村生态文化建设，引领广大农民走生态良好的文明发展之路；加强农业法制建设，建立强有力的生态文明建设保障体系。通过以上举措，描绘出山清水秀、环境优美、人与自然和谐相处的美丽画卷，谱写生态文明建设新的历史篇章。

第四节　结　语

目前农业产业的研究更注重其功能及个案研究、理论研究较少的情况，本书以科学发展观、和谐理论和可持续发展理论为指导，从生态、低碳、循环经济、生态文明的视角首先探析农业产业建设发展的内涵，对农业产业发展具有一定的指导意义，更好地增强农业对外合作中的农业产业的竞争能力。

第三章　农业对外合作中科技创新优势因素分析研究

——基于中美农业科技创新模式对比

为了提升中国农业科技创新与能力，指导中国农业科技创新体系的建设，通过分析美国农业科技创新模式特点，对比中国与美国农业科技创新差距，提出相应对策思路。研究结论为美国农业科技创新模式优势在于美国农业完善的法律体系保障、完备的科技创新体系、高素质的人才队伍、充足的科技开发及推广资金、现代农业高新技术广泛应用等方面，中国与之相比还存在差距。建议中国农业科技创新应做好农业立法、构建完善的农业科技创新体系、打造一流的农业科技创新及推广应用人才队伍、建立多元化农业科技创新投资渠道、提高高科技在农业中的应用水平等工作，以期在农业对外合作中增强中国农业产业的竞争力。

第一节　研究背景

美国作为当今世界经济强国，农业经济也走在世界前列，经济的高速发展主要得益于科技创新。2020 年美国 GDP 为 20.93 万亿美元，农场总收入约 1.019 万亿美元，农场雇用工人数只有 65.415 万人，美国的农业科技创新贡献率超过 90%。而中国 2020 年 GDP 为 101.6 万亿元人民币，农业总收入约 137 782.17 亿元人民币，乡村人口达 50 979 万人，我国农业科技进步贡献率已突破 60%，从以上数据表明，美国在农业劳动生产率和农业科技创新方面具有一定的优势，这也和美国农业科技的创新、推广存在必然的联系。所以做好中美两国农业科技创新模式比较研究，借鉴美国农业科技创新模式，对指导中国农业科技创新、对中国农业对外开放合作竞争力提升具有重要的意义。目前，很多学者对美国农业科技创新体系方面进行了一些研究，柳光强等（2003 年）从农业法律体系角度借鉴国外经验来构建中国农业法体系；彭宇文等（2007 年）在分析比较中、美两国农业科技投入的基础上，剖析中国农业科技投入的缺失，提出提高中国农业科技投入强度和效率的对策；汪学军（2010 年）通过宏观目标、公益性目标、市场化目标对比分析中美两国的农业科技发展模式；黄国清等（2011 年）从农业科技推广角度借鉴美国农业科技推广经验来促进中国农业科技推广工作；陈潇（2019 年）认为美国农业的领先地位得益于政策的大力支持，同时也离不开现代化技术的大力推广应用；陈天金等（2020 年）产学研紧密结合是美国农业科技创新体系的突出特点。邹璠等（2021 年）认为美国构建了以政府为主导、以赠地大学为依托、农科教"三位一体"的农业科技服务体系。

现有文献从法律体系、科技投入、市场机制、技术推广、政策支持等不同的角度借鉴国外科技创新经验对中国农业科技创新体系建设进行了探讨，对推动中国农业科技创新具有积极的作用，但对美国农业科技创新的优势进行综合分析的较少，本书通过美国农业科技研究及推广机构的调研，从法律、创新体系、人才、资金及高新技术等方面深入剖析，进行中美农业科技创新模式综合比较。通过对比中美两国的农业科技创新模式，分析中国与美国农业科技创新差距原因，借鉴美国农业科技完善的创新体系，提出相应中国农业科技创新对策，对中国农业科技创新体系的建设具有指导意义，对提高中国农业科技创新能力，增强中国农业对外开放合作能力将起到积极的作用。

第二节 美国农业科技创新模式分析

科技创新为美国农业现代化提供了动力源泉,在农业法律的保障下,产、学、研"三位一体"完善的农业创新体系推动农业科技创新良性发展,优化了农业科技创新资源,提高了农业科技创新的效率,从而实现美国国家粮食安全。

美国农业科技创新模式具有完备的法律体系、完善的科技创新体系、高素质的人才队伍、充足的科技开发及推广资金、广泛应用于现代农业的高新技术等特点。

一、完备的农业科技创新的法律体系

美国农业科技创新的立法可以追溯到 1862 年的 Morrill 法和 1877年的 Hatch 法,通过赠地建立农学院和联邦政府拨款建立州农业试验站,通过立法方式建立农业推广制度,使美国农业迅速兴起(余学军,2012年)。1933 年颁布了第一部农业调整法,从此美国形成以农业法为基础和中心,一百多部重要法律为配套的一个比较完善的农业法律体系(徐世平,2005 年)。2007 年美国农业法提案中指出,未来 10 年内在商品计划、生态保护、贸易、营养计划、信贷、农村发展、农业研究和推广、森林、能源、家庭农场破产保护等方面增加 55 亿美元的直接补贴,据中华人民共和国商务部 2009 年中国农产品出口分析报告,美国农业国内支持和补贴额很高,美国国会 2008 年初通过的 2007 ~ 2012《新农业法案》,对农业的补贴总金额高达 2 900 亿美元;另外更关注新进入农民及小农场主的利益(顾和军,2008 年),这势必增强农民及小农场主抵御市场风险的能力,调动农民及小农场主的农业生产的积极性,有利于美国农业的全面发展。

同时,通过农业相关立法,控制政府价格支持和财政补贴促使美国

农场主全力增强自由市场竞争力（王若溪，2009 年），避免和抑制由于农产品全面过剩而可能导致的农业危机，保障农业的健康发展（翁鸣等，2007 年），对建立农业产品市场机制、保护美国的农业，都有着积极的作用（曹培忠等，2004 年）。

二、完善的"三位一体"农业科技创新体系

美国农业有着完善的科研体系及雄厚的科研实力，是世界上最发达的农业强国和最大的农产品出口国，新世纪初农业科技进步贡献率高达80%（柏振忠，2009 年），2019 年农业科技创新贡献率超过 90%。产、学、研"三位一体"是美国农业科技创新的亮点：一是国家战略层面的完备的农业科技创新研究机构；二是面向市场需要的以每个州的赠地大学农学院为主的农业教学、科研及推广机构；三是对创新有需求的农业企业及农场主为主体的农业科技创新成果应用机构。

（一）国家层面的农业科技创新研究机构

根据美国农业部（United States Department of Agriculture，USDA）所属的农业研究局（Agricultural Research Service，ARS）组织结构图可知，国家层面的农业科技创新研究机构是美国农业研究局，其职责是开发解决广泛农业领域所需的和国家优先发展的新知识和技术，在保持良好生态环境及自然资源基本上生产足够的高质量食品和农产品以满足美国消费者需求，促进美国农业经济的发展。美国农业研究局下设国家计划、行政和财务管理、国际研究项目、首席情报官员、立法事务办公室、技术转让办公室、预算和项目管理职员、科学质量检查办公室等机构；美国农业研究局下属的研究机构有：联邦国家农业 Beltsville 研究中心、中南区域、中西区域、北大西洋区域、北方平原区域、西太平洋区域、南大西洋区域、南平原区域及国家农业图书馆等研究中心，主要从事营养、食品安全及质量、动物生产及保护、自然资源及可持续农业系统、作物生产及保护等方面的科学技术研究。

（二）州立赠地大学农学院

州立赠地大学农学院是政府赠予土地通过拍卖土地筹措资金成立的具有独特使命的学院，从事农业科技创新的教学、科研及项目推广工作。作为美国农业科技创新重要组成部分，农学院往往集农业、人类和自然科学的教学、研究及推广于一体，主要涉及的领域有农业经济、农业及推广教育、动物科学、植物与土壤科学、食品科学、生物化学、家庭与消费科学等。农学院注重对研究生的创新能力的培养，有很多科学家及研究员让学生参与到农业科技创新研究项目中。

（三）农业科技创新成果推广机构

美国农业科技推广体系（陈亚丹，2005 年）由联邦农业推广局、州农业推广站和县农业推广站三个层次组成。联邦农业技术推广局（崔春晓等，2012）主要职能是执行有关农业技术推广的法律和规章，并进行管理，以保证合作推广体系高质量地服务于农业企业，协调全国的农业推广工作顺利进行。州农业推广站是中级农业技术推广管理机构，设立在州立大学农学院，集农业教育、科研和推广三者于一体，站长由二级农学院院长兼任，农学院的教授负责农业科技创新成果的技术推广示范及运销工作等。县推广站是州推广站的派出机构，是美国推广体系的基础，制订具体推广计划并实施农业技术的推广教育工作，向农场主及农民提供信息咨询服务等。

三、高素质的农业科技创新人才

美国之所以在军事、经济等方面成为世界强国，主要原因之一是拥有一大批高素质的科技人才队伍。美国政府十分重视创新人才的培养和使用，出台相关移民政策吸引全球优秀人才来美，营造了尊重人才、吸引人才的良好环境。因为农业是基础性弱质行业，从事农业科技创新的人才相对薄弱（张静，2011 年），所以美国通过聘请国际高端人才从事美国农业科技创新工作，每年美国大学农学院都提供较高的奖学金来吸引海外留学生来美国攻读学位，以弥补农业科技创新人才相对短缺现象，可以说美国是国际人才收益的赢家。正是美国良好的政策环境使美国拥有高质量的农业科技创新人才队伍，例如县级农业推广人员都基本具有硕士及以上学位，这给农业科技创新成果的推广提供了强有力的人才支撑。

四、充足的科技创新研发及推广资金

美国农业科技资金来源于多元化的投资体系，一方面主要来源于联邦政府、州及县的财政预算投入，其中联邦政府投入约占 30%，州政府投入约占 51%；另一方面美国私人企业在农业科研上的投入也很大，各州农业试验站投入经费的约 19%来自私人企业的赠款（黄俊，2011 年）。联邦政府资金主要用于国家级 Beltsville，中南区域、中西区域、北大西洋区域、北方平原区域、西太平洋区域、南大西洋区域、南平原区域等研究中心。州政府资金主要用于本州的农业研究机构科技创新研发及农业技术推广，私人企业资金主要用于本企业的产品研发。

五、现代高新技术在农业中广泛应用

美国是农业高度发达的国家，是世界上农业经济强国，农业劳动生产率一直高居世界榜首，1977 年，也就是中国改革开放的前一年，美国一个农业劳动力的年产值就已达 23 800 美元，一年生产的实物可以供养56 个人（郑林庄，1979 年），其主要原因是农业科技创新成果现代农业技术在农业中的广泛应用：一是美国农业的机械化、区域化、专业化生产。美国农场的农业机械化应用程度很高，根据气候及土壤等条件，进行区域化、专业化生产从而使得美国农业生产率高。二是全球定位系统（Global Positioning System，GPS）在农业中的应用（谢义亚，1999 年），在农业机械上安装 GPS，可以接收农业机械作业时测得的相关数据，计算机绘制出相关图形，进而对土壤养分等因素进行分析，有针对性地进行施肥、灌水，从而提高农业的产出水平。三是生物工程技术应用，特别是基因工程改变氨基酸成分，可以有作物改良品种、提高营养及抵抗疾病的能力。四是现代信息技术的应用，通过网络，农民可以查询天气情况、市场情况等，为农民农业生产决策提供帮助。

第三节　中美农业科技创新模式对比及对策思路

在过去的几十年里，世界上几乎所有产业的生产率都经历了快速增加时期，美国农业产业的生产率尤为如此（Yucan Liu 等，2009 年）。纵观美国农业科技创新发展历程，从 200 多年前的马拉牛耕的原始农业发展到当今的现代化农业，其农业生产率已高居世界榜首，科技创新为美国农业现代化提供了动力源泉。完备的法律体系和创新体系、高素质的农业人才、充足的资金以及农业机械化、品种改良、害虫控制、卫星技术（Ron Smith，2010 年）在农业上广泛应用，使美国农业走在世界的前列，美国农业产业的优势主要得益于农业科技创新。这给中国农业的现代化发展以启示，借鉴其先进的农业科技创新模式，开创中国农业现代化发展道路。

一、强化农业立法工作

目前中国农业的发展还面临很多挑战，主要是中国农业基础设施薄弱，抗灾减灾能力较弱，资源环境恶化，农产品市场需求还不均衡，农户生产经营规模较小，农产品质量还存在问题，从业人员的素质较低，农业科技创新能力不强，农业补贴及政策支持力度不够，特别是农业相关法律法规和美国相比还有待进一步完善等，严重地约束了中国农业现代化的进程。美国从 1933 年以来已颁布 100 多部农业相关法律，其基本原则是实现对农业保护，100 多部农业相关法律多方位地为美国现代化农业的发展提供了法律保障，这具有一定的借鉴意义。中国从 1950 年的《中华人民共和国土地改革法》开始，在农业生产经营体制、农业生产、农产品、农民权益、农业环境保护等方面进行中国农业法制建设（张乃芹，2009年），但就目前来说，中国农业现代化发展面临的困境还很多，总体上来看，法律体系还不够完善。所以健全法律法规，加强农业科技执法，多方位地完善农业相关法律时不我待。要在中国农业法的基本原则指导下，修订并完善已颁布的《中华人民共和国农业机械化促进法》《中华人民共和国农业技术推广法》《中华人民共和国农产品质量安全法》《中华人民共和国水污染防治法》《中华人民共和国循环经济促进法》《中华人民共和国野生动物保护法》《中华人民共和国动物防疫法》《中华人民共和国中小企业促进法》《中华人民共和国科学技术普及法》《中华人民共和国草原法（修订草案）》等相关法律，为农业技科技创新及推广工作提供强有力的法律依据；加强《农业转基因生物安全管理条例》《食品安全法条例》《乳品质量安全监督管理条例》《重大动物疫情应急条例》《植物新品种保护条例》《森林病虫害防治条例》《农药管理条例》《饲料和饲料添加剂管理条例》《城镇土地使用税暂行条例》《退耕还林条例》《基本农田保护条例》《农业保险条例》等相关条例执法力度；还要进一步研究农业投入、农资补贴、农业灾害风险、涉农国际贸易等方面的法律法规，多方位地为中国农业科技创新建设提供法律保障。

二、构建完善的农业科技创新体系

美国农业有着完善的科研体系，以"产、学、研"结合为农业科技创新亮点模式，主要体现在农业科技创新研究、教学、推广及应用于一体，优化了农业科技创新资源，使得农业科技创新走了一条良性发展的道路。

目前中国的农业科技创新体系有农业部部属的农业研究机构及农业大学，下辖省、市级农业科学研究院等，具有垂直领导职能；与农业部并行的行政省也具有农业管理职能，下辖农业厅和省、市级农业科学研究院等，其中省、市级农业科学研究院等具有双重上一级领导机构，即农业部研究部门及国家省市级行政部门，会一定程度上导致多头领导的现象，让这种体系职能制使农业科技创新效率较低，所以，要强化农业部的农业管理决策职能，协调与省市行政职能之间的关系，形成既分工又协作的良性机制。

中国农业类高校、农业研究院是事业单位性质，抵御市场风险能力差，农业技术推广的责任心不强，所以可以借鉴美国农业高校的科技创新经验，适当引入市场机制，明确农业大学在农业科技创新及推广责任，采用激励机制，让教授及研究员全身心投身于农业科技创新及推广，在待遇、职称晋升、荣誉、奖励等方面进行政策引导，对农业科技创新及推广作出特殊贡献的教师给予奖励，从而营造良好的科研创新及推广环境，充分发挥专家学者的聪明才智，形成"产、学、研"一体化农业科技创新体系。

三、打造一流的农业科技创新及推广应用人才队伍

中国农业现代化建设任重而道远，就目前而言，人才队伍是中国农业创新及推广应用的主要瓶颈。据 2020 年中国统计年鉴，中国目前还有主要集中在农村的达 51 892 万文盲人群，农村大部分人口普遍受教育程度不高。而美国农场主普遍接受过正规教育，大多具有大学学历，有的还有硕士、博士学位，少部分只有高中学历的，也都受过专门的农业职业教育，他们不仅懂田间栽培技术，会熟练操作各种农业机械，还熟悉农产品市场，会经营管理（赵兴泉，2001）。迫切做好农业科技创新及推广应用人才队伍建设是当前中国农业工作的重中之重。一方面国家要在农业人才队伍建设方面加大投入力度，在政策上，一方面要像航空等其他行业一样，鼓励和吸引海内外优秀人才加入农业科技创新研究及推广应用中来；另一方面要充分调动国内农业大学的专家学者的农业科技创新推广的积极性；再就是要提高农业基本科技人员的素质，加强广大农民的基本文化教育。这几者是一个有机整体，缺一不可，这需要国家政策层面对农业科技创新进行大力支持。

四、建立多元化农业科技创新投资渠道

美国农业科技资金来源于政府的财政预算、企业投入、私企赠款等，多元化的投资体系值得借鉴。由于农业是国家的基础产业，也是弱质产业，所以国家政府在农业科技创新及推广应用方面应该作为投资的主体，特别是对那些短期内没有明显收益的基础科学研究进行投入，从而从根本上保障农业产业的现代化发展。2018 年 12 月，农业农村部公布第八次监测合格农业产业化国家重点龙头企业名单共有 1 095 家。国家重点农业产业化龙头企业作为农业生产经营活动的主体，一方面企业自身雄厚的经济实力为企业科技创新的投入奠定了基础，另一方面国家农业产业化财政支持龙头企业技术改造；而针对农业科技创新成果的推广资金严重不足情况，仍要以政府为投资主体，要设立农业科技创新成果推广专项资金；国家要出台相关农业技术推广保护政策，尽可能地减少投资风险，以优惠的政策吸引外资、民间资本等进行多渠道融资。

五、提高高科技在农业中的应用水平

目前美国农业已完全实现现代化，农业劳动生产率位居世界榜首，先进的农业技术对美国经济作出了巨大贡献，使美国传统农业实现了根本性的转变（G. F. Sassenrath 等，2008）。目前中国农业高科技应用水平与美国相比还有一定的差距，中国现代农业的发展还需要做好以下几个方面的工作。一是农业的机械化、专业化，目前这方面工作还存在一定困难，这由中国的农村实情决定的。中国是世界上农业人口最多的国家，据 2020 年《中国统计年鉴》，2019 年乡村人口达 55 162 万人，耕地 68 678.6 千 hm^2，人均土地的占有量很少。2019 年农业机械总动力只有 102 758.3 万 kW，广大农村还没有实现农业机械化、专业化，所以可以采取农村土地集约型转变，成立农业合作组织，以规模化、集约化方式实现农业的机械化、专业化。二是农业的信息化。美国目前 GPS 和网络技术在农业中应用很广泛，而中国目前仅处在网上信息查询、农信通 App 等初级阶段。所以随着中国北斗卫星导航系统的构建，要加大对农业信

息建设的力度，建立集天气预报、农业生产数据分析、农业报文通信服务以及农业决策系统于一体的现代农业信息化系统。三是加强生物技术基因工程、新品种培育、疫病防控、农产品安全、环境保护等方面科技创新成果应用。通过科技创新成果的广泛应用，从而推动中国现代化农业的快速发展。

第四节　结　语

美国农业已步入现代化农业，科技创新为美国农业现代化提供了动力源泉，完善的"产、学、研"三位一体的农业创新体系是美国农业现代化的根本保障。美国农业科技创新在完备的法律保障体系、完善的科技创新体系、高素质的人才队伍建设、科技开发及推广资金筹集方式、现代农业高新技术广泛应用等方面值得中国农业借鉴，中国农业在这几方面还存在一定差距，法律保障体系还有需要修改完善的地方，有关法律还需要加强执法力度，科技创新体系还不能完全适应市场机制的需要，农业科技创新及推广应用人才队伍建设迫在眉睫，农业科技创新及推广资金还要多元化投入，还要加大生物技术基因工程、新品种培育、疫病防控、农产品安全、环境保护等方面科技创新成果应用程度，实现中国农业的信息化、机械化、专业化、集约化、规模化，使中国农业科技创新在农业法律法规的保障下，优化农业科技创新资源，提高农业劳动生产率，提高中国农产品的国际竞争力，促进中国农业经济发展，使中国农业对外合作过程中保持一定的竞争优势。

第四章 基于要素禀赋理论的中国—东盟农业合作潜力分析

第一节 研究背景及意义

2013 年 9 月和 10 月，国家主席习近平提出共同建设"一带一路"（"丝绸之路经济带""21 世纪海上丝绸之路"）的重大倡议，打造了欧亚区域经济一体化新格局，开启了地区新型合作新的篇章。在 2015 年博鳌亚洲论坛开幕式上，习近平主席倡议推动"一带一路"沿线各国实现经济战略相互对接、优势互补的发展理念，对推动"一带一路"64 个沿线国家的产业升级、经济发展必将起到非常重要的作用。可以说"一带一路"倡议是推动农业对外合作的指导纲领。

东盟，即东南亚国家联盟（Association of Southeast Asian Nations，ASEAN），成员国有文莱、柬埔寨、印度尼西亚、老挝、马来西亚、缅甸、菲律宾、新加坡、泰国和越南，作为"21 世纪海上丝绸之路"重要节点，对"一带一路"建设势必起到至关重要的作用。

近年来东盟多数国家经济发展势头良好，根据《东南亚地区发展报告 2017—2018》东南亚蓝皮书中王岩的"2017—2018 年东南亚经济的分析与预测"表中 2010—2017 年东盟国家国内生产总值增长率 8 年数据进行求平均值，结果如表 4-1 所示。

表 4-1　2010—2017 年东盟国家国内生产总值增长率均值　单位：%

文莱	柬埔寨	印度尼西亚	老挝	马来西亚	缅甸	菲律宾	新加坡	泰国	越南
0.04	7.01	5.53	7.56	5.51	6.78	6.36	5.36	3.68	6.11

由表 4-1 得知，2010—2017 年，老挝国内生产总值增长率均值最高，柬埔寨次之，缅甸、菲律宾、越南表现也不俗，总体来说东南亚国家经济增速保持中等强度增长，已成为世界上经济比较活跃的地区之一，也为中国—东盟农业合作奠定了经济基础。十个东盟国家中，除新加坡外，大部分国家都属于典型的农业大国，而中国属于发展中国家，农业在国民经济中占有重要地位，所以中国与东盟在农业领域进行合作有着天然优势，能起到资源互补的作用。特别是 2002 年 11 月签署的中国—东盟自由贸易区（China and ASEAN Free Trade Area，CAFTA）协议，取消了所有农产品关税，有利于中国与东盟国家的农业贸易往来。随着"一带一路"建设的步伐加快，中国农业对外投资规模也在不断扩大，据 2018 年度中国农业对外投资合作分析报告，2017 年我国农业对外投资存量为 173.3 亿美元，前十位的国家里印度尼西亚为第四（11.8 亿美元），老挝为第六（9.6 亿美元），泰国为第九（5.2 亿美元），新加坡为第十（4.7 亿美元）。据 2019 年 8 月 13 日中国（连云港市）—东盟农业经贸洽谈会获悉，2019 年 1～7 月，中国—东盟贸易额为 3 457.26 亿美元，同比增长为 4.9%。东盟十国中，越南是中国第一大贸易伙伴，其后是马来西亚、泰国、新加坡、印度尼西亚。由此可见，东盟是中国农业对外投资、贸易较为集中的地区。所以进行中国—东盟农业合作潜力研究，探索中国—东盟之间农业经济友好、务实、互利、共赢合作模式，对实现我国与东盟国家之间农业经济发展、合作融合具有一定的现实意义。

第二节　研究综述

中国与东盟的贸易研究可追溯到 1985 年。21 世纪以来，较早进行中国与东盟农业方面的研究有中国加入世界贸易组织（WTO）和东盟自由贸易区后农业应对策略研究，中国—东盟自由贸易区与广西农业研究，后来不少学者进行了中国与东盟农业合作进展及内容研究，促进中国和东盟农业合作的政策建议研究等。自从 2013 年习近平主席提出建设"一带一路"倡议以来，更多的学者对"一带一路"农业对外合作进行了大量研究。主要有张莎（2013 年）针对中国—东盟在双方农业合作机制、农业项目、资金、合作方式、农产品贸易等方面存在问题，提出相关政策；曹云华等（2015 年）以中国—东盟农业互联互通合作为研究内容，分析了双边农业互联互通合作的动力、合作进程及内容；张鑫（2016 年）从健全跨境农业区域一体化市场、跨境互联互通基础设施、跨境农业合作平台和跨境农业合作协调机制等方面入手，加强中越跨境农业区域经济合作；尚永辉等（2017 年）通过对东盟与中国农业比较优势进行分析，发现双方合作潜力，并对推进双方合作提出建议；吴昕泽（2017 年）分析 21 世纪以来，影响中国与东盟进一步合作的问题以及双方农业深入合作所面临的挑战，为中国与东盟在农业领域的合作提出可行的政策建议；王永春等（2018 年）指出中国与东盟农业合作仍面临国内制度不完善、东盟内部差异大、基础设施尚待加强等不利因素，进而提出相应对策；吕玲丽等（2019 年）通过对东盟国家调研，从东盟国家农业技术水平、与中国农业技术合作现状，东盟国家对中国农业技术需求等方面，对中国—东盟农业科技合作进行分析。这些研究主要是通过分析中国与东盟合作的问题，进而提出了良好的可行性对策建议，对中国与东盟农业合作起到非常重要的作用，具有一定的现实意义。但大多数研究还缺乏相应的理论支撑，本研究基于要素禀赋理论对中国—东盟农业合作潜力进行分析，指出中国与东盟农业合作的重点领域和方向，促进中国—东盟农业合作健康发展。

第三节　要素禀赋理论

国际贸易（International Trade）亦称"世界贸易"，泛指国际间的货物和服务的交换，由各国（地区）的对外贸易构成，是世界各国对外贸易的总和。国际间贸易理论可以追溯到"经济学之父"亚当·斯密（Adam Smith）绝对成本理论。大卫·李嘉图（David Ricardo）在此基础上，进一步提出了比较成本说，论证了发达国与落后国之间实行国际分工—国际贸易会给双方带来利益。大卫·李嘉图（David Ricardo）、约翰·斯图亚特·穆勒（John Stuart Mill）和阿尔弗雷德·马歇尔（Alfred Marshall）都假设两国交换是物物交换，国际贸易起因于劳动生产率的差异，伊·菲·赫克歇尔（Eli F Heckscher）、伯尔蒂尔·奥林（Bertil Ohlin）是用等量产品不同货币价格（成本）比较两国不同的商品价格比例，两国的交换是货币交换，两国的劳动生产率是相同的，用生产要素禀赋的差异寻求解释国际贸易产生的原因。

要素禀赋理论（Factor Endowment Theory），亦称 H-O 理论，由赫克歇尔首先提出基本论点，由奥林系统创立。奥林在《地区间贸易和国际贸易》中提出，假定各国在需求情况相似，生产要素的生产效率相同情况下，各国商品价格的差异决定贸易格局。各国生产要素禀赋不同，以及不同商品需要不同的生产要素搭配比例决定商品的价格不同，各国出口本国具有丰裕而价廉的生产要素的商品，而进口本国具有稀缺而价昂的生产要素的商品，此时贸易获利。概括之，生产要素的丰欠决定商品相对价格和贸易格局，比较优势是由要素禀赋差异决定的，没有劳动生产率的差异。20 世纪 50 年代，经济学家华西里·里昂惕夫（Vassily W.Leontief）利用投入产出分析方法对美国对外贸易商品结构进行具体计算来验证 H-O 理论，美国出口商品资本密集程度低于进口替代商品，这一验证结果与 H-O 理论恰好相反，经济学界将此不解之谜称为里昂惕夫之谜（Leontief Paradox）。里昂惕夫之谜说明昂惕夫所定义的资本还有未曾考虑到的如人力资本等因素，里昂惕夫之谜提出后，要素禀赋的内涵不断拓展，要素禀赋内含不仅体现在资本、人力资源、自然资源等方面，还体现在技术、信息等要素方面。

第四节　中国与东盟农业合作禀赋因素优势分析

要素禀赋是人们生产活动中所需要的最基本的物质条件和投入要素。要素禀赋理论认为要素禀赋结构导致地区生产效率的差异和占主导地位的比较优势。中国农业对外合作既有物质资本、人力、生产效率差异，也有农业技术、信息等要素差异。中国在资本、农业技术等禀赋要素上存在一定的优势，东盟国家在人力资源成本、自然资源等方面存在优势，就势必造成中国—东盟农业合作的优势互补，从而实现中国—东盟农业合作的共赢。通过对中国农业—东盟的农业对外合作领域分析，要素禀赋主要表现在对外投资资本禀赋、对外贸易要素禀赋、资源要素禀赋、农业技术禀赋等方面。

一、对外投资资本禀赋

据农业农村部国际合作司和农业农村部对外经济合作中心编著的《中国农业对外投资合作分析报告（2018年度）》，2017年中国农业对外投资流量20.5亿美元，东盟老挝是主要目标区之一；中国农业对外投资存量为173.3亿美元，东盟印度尼西亚、老挝、泰国、新加坡分别为中国农业对外投资存量国家第四位、第六位、第九位、第十位。由此可见，东盟已成为中国农业对外投资主要地区之一。21世纪以来，中国经济总量不断增长，到2010年时超过日本成为世界第二大经济体，据国家2018年国民经济和社会发展统计公报，2018年，中国GDP总量高达900 309万亿人民币，第一产业增加值64 734亿元。随着快速的经济发展，为了使资本价值通过增值来获取更多的利润，进行产业投资势在必行，亚洲特别是东盟仍是目前中国农业对外投资的重点领域。目前农业对外投资主要分布农业生产、加工、服务、仓储物流等业务环节，涵盖粮、棉、油、糖、胶、肉等多个产业，主要经营大米、橡胶、棕榈油、甘蔗等。

二、对外贸易要素禀赋

据中国 2018 年国民经济和社会发展统计公报，中国 2017 年进出口总额 305 050 亿元，其中，出口 164 177 亿元，进口 140 874 亿元，进出口顺差 23 303 亿元，其中"一带一路"沿线国家进出口总额 83 657 亿元，出口 46 478 亿元，进口 37 179 亿元。而东盟进出口总额 38 788 亿元，其中出口额 21 066 亿元，进口额 17 722 亿元。由此可见，东盟进出口总额占"一带一路"沿线国家进出口总额的 45.9%，占中国进出口总额的 12.7%。其中农产品相关贸易主要有谷物及谷物粉、大豆、食用植物油等。其中谷物及谷物粉进出口数量达到 2 047 万 t，金额 385 亿元；大豆进出口数量达到 8 803 万 t，金额 2 502 亿元；食用植物油进出口数量达到 629 万 t，金额 313 亿元。这说明东盟国家已成为中国对外贸易主要区域之一。东盟国家除了新加坡，其他国家经济相对比较落后，主要产业还是以传统农业为主，所以对东盟国家的贸易主要体现在农产品贸易方面，通过农产品贸易调整我国农业产业结构，有利于我国农业资源优化配置。

近年来，世界经济发展利好，但贸易保护、贸易摩擦、贸易战争时有发生，严重地影响了农业国际贸易的健康发展。但中国政府积极倡导"一带一路"发展理念，加快深入改革开放步伐，经济稳中有进，实现可持续增长。2018 年国内生产总值达 900 309 亿元，比上年增长 6.6%。农业是国民经济的基础产业，中国的经济高速发展，离不开农业经济的助推，2018 年农业增加值 64 734 亿元，增长 3.5%，农业供给侧改革进一步深化，以国际国内市场需求为导向，推进农业产业结构调整，优化农业产业体系，提高农业供给体系的质量和效率，取得了明显的成效，为中国与东盟农业对外贸易提供了支撑条件。

2017 年中国与东盟进出口总额 38 788 亿元，其中出口额 21 066 亿元，出口额比上年增长 11.3%，这与中国经济的高速发展是分不开的，除了中国经济发展水平这一因素以外，还与中国贸易产品的技术因素有关，正是由于科技的发展，才推动了国家的科技创新，建立国内外市场为导向、产学研结合的创新体系，生产出更多在国际上具备一定优势的竞争农产品。在农业科技创新领域，须成立由政府部门牵头协调的，以农业科技创新中心为核心，以农业高新技术推广试验为基础，以科技产业效益化为目标，以国家政策支持为保障的现代农业科技创新体系，推动中国农业经济的快速发展，从而为中国农业经济对外贸易夯实基础。

三、资源要素禀赋

由生产要素禀赋理论可知，国家或地区的要素禀赋除了体现在对外投资资本、对外贸易，还体现在经济合作国家之间的自然资源，如土地资源、水资源、森林资源、劳动力资源等。中国农业与东盟的农业对外合作中，根据要素充裕度以及要素密集度不同，充分利用本国充裕资源要素，换取那些密集使用而稀缺的资源要素，以促进中国农业与东盟的自然资源、劳动力资源等资源要素优势互补。

东盟国家地理位置优越，位于亚洲东南部，由中南半岛和马来群岛组成，地域热量充裕，降水丰沛，雨林茂密，适宜热带作物生长，山峦起伏，平原坦荡，江河纵横，物产丰茂，盛产稻谷，海域辽阔，海洋资源丰盛。由于热量和水分充足，植物终年茂盛，农作物随时可以播种，四季都可以收获，是世界上最大的热带经济作物生产基地。据《东南亚地区发展报告 2017—2018》可知，东盟十国的国土面积、人口及国内生产总值如下表 4-2 所示。

表 4-2 2017 年东盟国土及人口统计表

国家	面积/平方千米	人口/千人	国内生产总值/百万美元
文莱	5 765.0	421.3	12 212
柬埔寨	181 035.2	15 717.7	22 340
印度尼西亚	1 916 862.0	261 890.9	1 013 926
老挝	236 800.0	6 752.8	17 090
马来西亚	331 388.0	32 049.7	317 042

国家	面积/平方千米	人口/千人	国内生产总值/百万美元
缅甸	676 576.0	53 388.0	65 607
菲律宾	300 000.0	104 921.4	313 875
新加坡	719.9	5 612.3	323 954
泰国	513 139.5	67 653.2	455 704
越南	331 231.0	93 671.6	223 927
总计	4 493 516.6	642 078.9	2 765 677

东盟十国幅员辽阔，国土约达 450 万 km²，其中面积最大的是印度尼西亚，多达 190 万 km²，人口超过 6 亿人，目前仅次于中国和印度。东盟大部分国家以农业为主，为农业生产经营活动提供了极其丰富的劳动力资源。一方面随着中国劳动力成本的上升，相对于东盟大多数国家在劳动密集型产业方面的优势逐渐下降，另一方面也面临着高素质农业人才紧缺的局面，因此与东盟各国在劳动力资源转移、人才培训等方面存在较大合作空间。

2017 年，东盟国内生产总值超过 2.7 万亿美元，成为继美、中、日、德、英之后的第 6 个大经济体，为世界经济活跃主要地区之一。东南亚是世界生产稻米最多的地区。泰国、越南、缅甸有"世界三大谷仓"之称。印度尼西亚也是世界重要的稻米生产国；东南亚的棕榈油、橡胶、咖啡、椰子等的生产都在世界上占有重要地位；东南亚是世界上天然橡胶的最大生产地，其中，泰国、马来西亚、印度尼西亚三国橡胶产量之和占世界总产量的 70%以上，泰国的种植面积约 200 万 hm²，成为"橡胶王国"；越南的咖啡产量仅次于巴西，居世界第二。印度尼西亚的木棉、胡椒、金鸡纳霜产量居世界第一。东盟国家的农业资源十分丰富，而目前中国农业资源由于自然条件和资源禀赋的区域显著，再有高投入、高消耗和高污染的农业发展模式势必造成生态环境问题突出，使中国农业经济面临一定困境，当前国家在深化农业供给侧改革，除了通过推进环境治理，改善农业生态环境外，还要运用东盟国际市场与优势农业资源，促进中国农业产业结构调整，使中国的农业资源与东盟国家之间形成经济优势互补。

四、农业技术禀赋

中国与东盟农业合作潜力要素禀赋除了资本、自然资源要素禀赋外，还包括技术，主要表现在农业技术禀赋。2017年中央一号文件指出，加强农业科技研发，完善国家农业科技创新体系和现代农业产业技术体系，加强农业科技基础前沿研究，提升原始创新能力，为中国农业科技发展指明了方向，也为中国农业科技对外合作提供了动力保障。学者苏珊珊等在农业投资合作综合潜力测度指标体系中提出技术禀赋主要指标有研究与试验发展（R&D）研究人员（每百万人拥有的研究人员数量），和研发支出（占GDP比重），也就是和研究人员以及研究与试验发展（R&D）经费有关。一个国家要想在现代农业科技创新方面取得长足的发展，农业科研人员及农业科研机构是主要因素。我国有农业科研机构1 144个，农业科研机构从业人员约9.6万人，其中科学家和工程师3.7万人，科研管理1万人，近70万基层农技推广人员，8 700家在农业主管部门注册的农业公司。有专门从事农业研究的以中国农业大学为代表的高等农业院校，以中国农业科学院为龙头的农业科学研究院所，以"水稻杂交之父"袁隆平院士为代表的农业科技创新领军人物，以及农业科研及农业推广应用科技人员，为中国农业的发展起到积极的作用。据2018年全国科技经费投入统计公报，2018年中国研究与试验发展（R&D）经费19 677.9亿元，比上年增加2 071.8亿元，增长11.8%，中国的研发投入总量逐年增长，推动了中国向创新驱动高地发展，为创新型国家建设奠定了基础。正是由于科技的大力投入，我国农业生产在机耕、机种、机收、植保和农田水利设施建设等方面已具备相当优势，农业发展中的制度创新、组织模式创新、生产经营方式创新、农技研发与推广等方面也积累了许多成功的经验，我国与"一带一路"沿线国家农业技术交流与合作前景广阔。据2017年第三次全国农业普查主要数据公报（第二号），

2016 年末，全国农业经营单位 204 万个，农业经营户 20 743 万户，其中规模农业经营户 398 万户；全国拖拉机 2 690 万台，耕整机 513 万台，旋耕机 825 万台，联合收获机 114 万台，播种机 652 万台，排灌动力机械 1 431 万台；全国调查村中能够正常使用的机电井数量 659 万眼，排灌站数量 42 万个，能够使用的灌溉用水塘和水库数量 349 万个。这些农业经营主体、农业机械和设施为中国农业的快速发展提供了保障。正是由于中国农业科技优势，中国可以和东盟国家进行农业科技合作，在东盟国家建立农业科研机构以及农业科技公司，指导东盟国家进行农业生产和经营，以实现中国与东盟国家双方农业的合作共赢。

第五节　中国与东盟农业合作趋势分析

2013 年由习近平主席提出共同建设"一带一路"重大倡议，为中国与东盟农业合作提供契机。另外国家竞争优势不仅依赖要素禀赋，也体现在政策方面。2016 年中央一号文件指出，利用国际资源和市场，优化国内农业结构、重要农产品进口的全球布局，推进进口来源多元化，加快形成互利共赢的经贸关系。2017 年中央一号文件指出，以"一带一路"沿线及周边国家和地区为重点，支持农业企业开展跨国经营，建立境外生产基地和加工、仓储物流设施等。近年来的中央一号文件已将农业对外经济合作作为中国农业快速发展的重要举措，为中国—东盟农业合作提供了重大机遇与有利条件。2016 年 9 月，李克强总理在第 19 次东盟与中日韩（10 + 3）合作会议提出"深化贸易投资合作，推动农业和减贫合作"建议，为推动农业对外合作开创了新局面。2017 年 5 月，农业农村部、国家发展改革委员会、商务部、外交部四部委联合发布《共同推进"一带一路"建设农业合作的愿景与行动》，为进一步加强"一带一路"沿线国家农业合作进行了顶层设计。2019 年 8 月，国家主席习近平会见菲律宾总统杜特尔特时强调，要持续推进"一带一路"倡议同菲方规划对接，中方愿进口更多菲律宾优质水果和农产品，将派专家赴菲传授农渔业技术等，可以说为中国—东盟农业合作指明了方向。目前中国与东盟农业对外合作机制已基本形成，《中国—东盟全面经济合作框架协议》已于 2010 年全面建成，农业对外投资快速发展，农产品贸易总额不断增长，农业科技合作不断深化，可以说中国与东盟农业合作潜力巨大，前景光明，但同时也不容忽视，中国与东盟农业合作还面临诸多问题，如中国农业企业竞争力不强、政策体系不健全等，东盟国家基础设施落后、经济基础薄弱、劳动者技能不强等投资环境有待改善等问题。未来中国要做好对东盟国家农业合作战略规划，做好境外农业投资补贴机制，在人才、经验、能力创新等方面增强中国农业企业的竞争力，通过中国—东盟基础设施互联互通、基础设施项目建设，通过发挥资源要素禀赋优势，推动东盟国家经济发展，通过与东盟国家建立农业科技合作交流、培训农业技术和管理人员等措施改善投资环境等。通过拓展中国东盟之间投资、贸易，开展农林牧渔业、农机及农产品生产加工，发展资源禀赋优势、加强农业科技领域的深度合作等，全面构建新型中国—东盟农业国际合作关系，从而促进中国—东盟之间农业合作的健康可持续发展。

第六节　结　语

"一带一路"倡议为中国—东盟农业合作提供契机，在"一带一路"倡议下，运用要素禀赋理论，从对外投资资本禀赋、对外贸易要素禀赋、资源要素禀赋、农业技术禀赋等方面对中国与东盟农业合作潜力进行了分析，中国在资本、农业技术等禀赋要素存在一定的优势，东盟国家在人力资源成本、自然资源等禀赋要素方面存在优势，通过中国与东盟农业合作的要素禀赋优势互补，从而实现中国与东盟农业合作的共赢，促进中国—东盟之间农业合作可持续发展。

第五章 基于 SWOT 理论的农业对外开放合作分析及风险对策研究

第一节 研究背景及意义

中国国家主席习近平于 2013 年提出的建设"一带一路"重大倡议开辟了中国农业对外开放合作新的篇章,"一带一路"的相互对接、优势互补的发展理念已成为农业对外开放合作的战略指引。

为贯彻习近平主席的"一带一路"倡议思想,农业农村部落实以近年来中央 1 号文件农业对外合作战略部署,积极开展农业对外合作建设试点,为企业走出去搭建平台。2017 年 7 月,农业农村部认定首批境外农业合作示范区和农业对外开放合作试验区,其中连云港农业对外开放合作试验区为 10 家试验区建设试点之一,成为江苏省首个农业对外开放合作试验区,并于 2019 年 3 月 28～29 日举行了连云港农业对外开放合作试验区揭牌仪式,可以说连云港农业发展迎来了历史发展机遇。然而随着农业对外开放合作的不断深入,一些深层次的问题如国际农产品市场不稳定、农业对外开放合作风险不断累积、涉农企业缺乏国际视野、政策体系不完善等问题正在逐步凸现出来。2017 年农业农村部要求农业对外开放合作试验区要充分发挥自身区位优势和对外合作优势,优化空间布局,要建立健全运营管理与服务机制、风险防控体系,探索积累可复制、可推广的经验,其中风险防范是农业对外开放合作能否取得成功的关键环节之一。所以运用 SWOT 理论对中国连云港农业对外开放合作的优势、劣势、机遇与威胁进行分析，再对中国连云港及其东道国农业对外开放合作风险因素进行论述，最后对针对农业合作风险提出相关对策，必将为农业部门开展农业对外合作建设提供安全保障依据，对实现农业经济对外开放、合作共赢具有一定的现实价值与指导意义。

第二节　研究综述

国家间农业合作于 16 世纪出现在欧洲，农业科学技术不断进步推进了国家间农业合作。中国农业于 20 世纪 70 年代开启了同世界农业的全面合作。农业国际合作必然存在风险，进行农业对外开放合作及其风险因素分析非常有必要。近年来，国内外很多学者对农业对外合作风险进行了大量的研究。学者张立（2002 年）分析了我国产业对外开放中的风险的主要因素有民族产业的国际竞争力、外资政策的选择，以及外资独立的寻利动机等，并给出了应采取的对策；廖东声（2009 年）针对中国企业投资东盟农业面临的汇率、政治等农业跨国投资风险等，提出逐步构建完善的企业对外投资风险保障体系策略；刘振中等（2010 年）构建农业风险的稳健经营体系，将风险转移给拥有较多闲散资金的风险投资者和期货市场；郑启恩（2013 年）指出生产型企业可通过"先贸易后投资"来降低投资风险，贸易模式可选择在当地开设办事处、寻找总代理商或做供货项目的承包商等；成榕（2014 年）对边境地区农业合作条件进行了分析，提出农业合作发展的贸易风险防控战略措施；尹兴宽（2016 年）指出企业境外投资存在的风险，一是超级大国的贸易保护政策让中国海外投资农业的企业承担了极大的投资风险，二是我国企业进行合作的国家内部矛盾引发的政治风险，三是企业境外投资市场风险等；Vilmar Rodrigues Moreira 等（2016 年）指出农业合作风险必须通过识别和评估，并采取适当的对策来防范；王禹等（2017 年）指出中泰两国农业合作前景广阔，但政治、宗教、产品等因素，使两国的合作面临着一定的风险和挑战。于海龙（2018 年）分析了农业对外合作面临政府政策目标与企业目标偏离，走出去企业自身生产经营风险，潜在农产品进口对我国粮食自给安全和农业生产能力冲击的风险，以及东道国自身的政治风险、舆论风险、社会文化差异风险和生态环保风险等；Tina L. Saitone（2018 年）等研究表明农业合作过程中付款及时性或违约概率的适度改善可导致合作的市场份额和经济可行性大幅增加。以上学者研究大多是通过对对外开放因素的分析，提出了农业国际合作风险防范措施，为农业对外开放合作及风险防范提供了有益的思路，具有一定的现实意义，但还存在不足，大多没有从系统的角度对农业对外开放合作风险因素进行分析。本书从系统的角度，运用 SWOT 理论对中国连云港农业对外开放合作的优势、劣势、机遇与威胁进行分析，再对中国连云港及其东道国农业对外开放合作风险因素进行论述，进而提出对策研究。

第三节　SWOT 分析

在战略态势分析中，SWOT 分析法是最常用的方法之一。本书运用 SWOT 理论对中国连云港农业对外开放合作的优势（Strengths）、劣势（Weaknesses）、机遇（Opportunities）与威胁（Threats）进行分析，从而认识到农业对外合作的优势、劣势，做到趋利避害，进而把握农业对外合作的发展机遇，化解外部威胁，在此基础上，对中国（连云港）及其东道国农业对外开放合作风险因素进行系统分析，以便发现农业对外合作过程中存在问题的根源，从而提出解决问题的对策，从而促进农业对外合作走上良性发展的轨道。

一、优　势

（一）区位优势

连云港市地处江苏省东北端，中国重点海港城市，为"一带一路"

交汇点，作为新亚欧大陆桥东方桥头堡，是东陇海经济带的东大门和对外开放窗口，向东跨海面向东北亚、东南亚，向西通过大陆桥连接内陆省份、中亚及欧洲，是国际国内海陆物流转换的重要节点，是中亚国家粮食等农产品最便捷高效的出海口。连云港河海相通、港路相接、海陆空相连，地理位置十分优越，是中国中西部地区货物最便捷的出海口岸，可以说独特的区位优势为农业对外合作提供了基础保障。

（二）交通枢纽优势

一是港口优势，连云港港是江苏最大海港、中西部最经济便捷出海口，是亚欧大陆国际集装箱水陆联运的重要中转港口之一。二是高铁优势，连盐、连青（青盐）、连淮扬镇、连徐高铁已通车，随着2020年底盐通高铁通车，连云港通过青盐线连接盐通、沪通高铁直达上海，已实现沿海铁路全线贯通，未来实现苏北各市至南京的"1.5小时交通圈"，连云港迈进高铁时代。三是航空优势，目前运营的连云港白塔埠机场，共通航国内外城市35个，每周航班量达到210个班次。2019年花果山国际机场实现开工，2021年上半年已试飞，可以说连云港市以港口为中心的海陆空立体交通网络初步形成，交通枢纽优势明显，为连云港农业对外加合作提供了便利条件。

（三）经济优势

据2018年连云港市国民经济和社会发展统计公报，2018年，地区生产总值达2 771.70亿元。农林牧渔业总产值636.65亿元，可比价计算增长2.4%，全年粮食总产量364.03万t，增长0.5%。全年完成进出口总额95.47亿美元，增长16.2%，居全省第三位，国家农业开放合作试验区启动建设，农产品出口超6亿美元，全年实际利用外资6.03亿美元，快速的经济发展为农业对外合作奠定了坚实的基础。

（四）农业资源优势

连云港农业资源丰富，农业产业具有一定的基础，2018年，有国家级农业龙头企业2家，省级农业龙头企业49家，市级农业龙头企业230

家；目前已形成了紫菜生产加工、鲜切花、泥鳅养殖、芦蒿、食用菇类等特色产业；另外农业信息化资源也为农业对外合作搭起了良好的平台，农业信息化示范基地 9 家，农电商产业园 11 个，网络农业营销主体数量达 8 400 多家，可以说丰富的农业资源为农业对外合作提供了根本保障。

二、劣　势

（一）农业产业聚积度不高

连云港目前有多家国家级、省级以及市级农业龙头企业，已初步形成蔬果、粮油、水产、花卉等农业产业集群，但相对聚集度不高，离产业一体化、规模化、标准化、品牌国际化还有差距，这势必影响到农业对外有效合作。特别是中小型企业如果不能形成聚集规模，抗风险能力明显不足。

（二）对外合作高端人才缺乏

农业对外合作需要掌握国际贸易的理论，尤其是报关、报检等相关业务技能，通晓国际贸易规则和惯例以及国内外国家法律法规的高级专门人才。2019 年连云港主要围绕新医药、新材料、高端装备制造等重点产业及教育、卫生、农业技术等公共服务相关领域引进高层次人才，而农业对外经济贸易方面人才相对匮乏，这势必增长农业对外合作的风险。

三、机　遇

（一）"一带一路"交汇点机遇

2013 年国家主席习近平提出共同建设"一带一路"的重大倡议，对打造欧亚区域经济一体化格局，推动区域合作产生深远的影响。连云港既是海上丝绸之路战略支点，又是丝绸之路经济带重要节点，是"一带一路"特殊的"交汇点"。2018 年江苏省委调研"一带一路"重要节点城市连云港时强调，连云港要在"一带一路"建设中充分发挥战略支点作用，主动服务中央对外工作大局，在江苏"一带一路"交汇点建设中担起重任，可以说"一带一路"倡议是推动农业对外合作的指导纲领。

（二）国家首批农业对外开放合作试验区机遇

为贯彻近年来中央1号文件关于农业对外合作的总体部署，农业农村部开展农业对外合作建设试点，为企业走出去搭建平台。经过评选，连云港农业对外开放合作试验区被遴选为国家10家试验区之一，成为江苏省首个农业对外开放合作试验区，并于2019年3月28～29日举行了连云港农业对外开放合作试验区揭牌仪式，国家在政策、资金等环境方面大力支持连云港农业对外合作开放，可以说农业对外合作迎来了历史机遇。

（三）国家自贸试验区机遇

2019年8月2日，国务院同意设立中国江苏（南京自贸区、苏州自贸区、连云港自贸区）自由贸易试验区，这是国家做出的推进改革开放的重大决策。连云港自贸区将建设成亚欧重要国际交通枢纽、集聚优质要素的开放门户、"一带一路"沿线国家交流合作平台。通过自贸区建设打造国际一流营商环境，完善投资促进和保护机制，推动贸易转型升级，为农业对外合作开放提供了重要支撑条件。

四、威　胁

就连云港农业对外合作而言，港口竞争是主要因素之一，目前与连云港地缘相近，有竞争力的港口是山东省日照港口。日照港区位优势也很显著，地处中国海岸线中部，山东半岛南翼，现拥有石臼、岚山两大港区，65个生产性泊位，年通过能力超过3亿t。日照港拥有"日照—韩国平泽""日照—群山—釜山"两条外贸集装箱班轮航线，美国波特兰港至日照港大豆班轮航线，中澳杂货班轮航线等。

就区域位置来看，连云港港和日照港相距很近，大约80 km，两个港口排位、货种、地理因素等都非常相近，从而导致两个港口竞争非常激烈，所以连云港要和日照港进行全方位的竞争，只有在竞争中获得优势，才能促进连云港农业对外合作良好格局的形成。

第四节　农业对外合作风险因素分析

"一带一路"倡议给中国农业对外开放合作带来了新的机遇。农业对外合作也是中国与"一带一路"沿线国家的重要需求。从"一带一路"沿线国家层面看，大多数像菲律宾、缅甸等东盟国家，伊朗、土耳其等西亚国家，印度、巴基斯坦等南亚国家，哈萨克斯坦、吉尔吉斯斯坦等中亚国家，俄罗斯、摩尔多瓦等独联体国家，立陶宛、斯洛伐克等中东欧国家等，这些国家农业资源较为丰富，对外合作潜力很大，希望通过农业合作，带动农业相关产业快速发展，带动就业，改善民生；就中国而言，中国已在 2010 年 GDP 超过日本，成为世界第二大经济体。2018年，中国国内生产总值已达 900 309 亿元，2017 年中国农业对外投资流量 20.5 亿美元，进出口总额 305 050 亿元，另外中国在农业技术、农业机械等领域水平较高，可以说中国快速的经济发展以及农业技术等为农业对外合作提供了重要的支撑条件。但农业对外开放合作面临着诸多风险，一是政治风险，二是自然风险，三是市场风险，四是国际非关税贸易壁垒等风险。

一、政治风险

中国农业对外合作过程中，东道国政治稳定性是中国农业企业对外投资首先要考虑的风险，东道国国家军政变动、议会解体、选举提前、政党相争的现象等不稳定因素对农业合作会造成一定影响，还有约束外来投资的法律包括反垄断法、外资法等，也会对投资产生重要影响，甚至导致农业投资的失败。如果农业对外投资涉及敏感的自然资源，更容易被东道国政治冲突中某一方利用，致使项目搁浅或"流产"。

二、自然风险

在境外农业生产投资过程中，由于农作物生长周期长、如果遭受自然灾害，势必造成农业对外投资的损失，所以在农业对外投资合作过程中，自然灾害风险也是中国农业对外投资要考虑的主要因素，农业与自然气象条件密切相关。近年来，世界各地自然灾害频发，由于农业基础设施还相当脆弱，农业产业经常会遭受自然灾害如台风、海啸、水灾、冰雹、泥石流、干旱等，会造成产量锐减，甚至颗粒无收，对农业对外投资企业带来不确定风险，所以农业对外投资企业在投资之前需要对东道主国的自然环境因素进行详细的考察和分析。

三、市场风险

农业企业在对外合作过程中，主要市场风险一是由于对东道主国家的政策、法律、投资环境等信息掌握不够全面，导致农业对外投资企业盲目生产，由于投资的农业产业投入成本过高，价格定位较高，从而农产品竞争力缺乏，很难保证农产品的市场占有率；二是目前中国对外投资的农业企业往往规模较小，还没有形成农业投资产业联盟，存在竞争力弱、竞争无序等劣势，另外海外市场农业产业的竞争加剧；三是由于市场的不确定性，如果农产品生产过剩，农业生产经营要承担一定的损失；四是由于蔬果、水产、花卉等特殊的农产品对存储时间、地点有特殊要求，如果市场行情萎缩，势必增加成本。

四、国际非关税贸易壁垒风险

随着国际贸易保护主义的抬头，一些超级大国的诚信度也有所下降，他们出台相关的贸易保护政策，如通过非关税壁垒，在通关环节壁垒、进口税费、进口禁令、进口许可、技术性贸易壁垒、卫生与植物卫生措施、贸易救济措施、进口产品歧视、出口限制等方面进行设置障碍，从而造成农产品进口成本增加。农产品进口障碍设置不利于农产品进口，会使更多的农业贸易受到重创，给农业对外经济合作带来严重的威胁。

第五节　连云港农业对外开放合作对策分析

通过 SWOT 理论分析了中国连云港农业对外开放合作的优势主要表现在区位、交通枢纽、经济和农业资源优势等方面，劣势为农业产业聚集度不高、对外经贸高端人才缺乏等，机遇为"一带一路"特殊的交汇点机遇、国家首批农业对外开放合作试验区机遇、国家自贸试验区机遇等，威胁主要是港口之间的竞争。农业对外开放合作面临着的风险主要有政治风险、自然风险、市场风险和国际非关税贸易壁垒等风险。为此，从系统的角度、全局的观念提出发挥优势、克服劣势、把握机遇、化解威胁以应对农业对外开放合作风险的对策。

一、优化政策环境，化解政治风险

农业对外合作离不开良好的政治环境，目前中国政局稳定，人民安居乐业，所以自"一带一路"倡议以来，据中国 2018 年国民经济和社会发展统计公报，"一带一路"沿线国家进出口总额达 83 657 亿元，出口 46 478 亿元，进口 37 179 亿元，良好的政治环境为中国与"一带一路"沿线国家进行农业合作提供了重要支撑条件。而国际政治环境也对中国农业企业对外投资等产生影响，目前大多数东道主国家能认识到良好的国际环境有利于农业吸引外资，通过同国外农业合作来带动自己国家的农业相关产业快速发展。中国农业农村部、商务部、财政部于 2016 年发布了《关于加快实施农业"走出去"战略的若干意见》，2018 年商务部与农业农村部牵头成立了由 14 个部门成立的境外农业资源开发部际工作机制，为农业对外合作提供了战略保障。

二、抓住战略机遇，创建合作平台

中国连云港农业对外合作要紧紧抓住作为"一带一路"交汇点机遇，

在"一带一路"建设中充分发挥重要支点作用。特别是连云港农业对外开放合作试验区被遴选为国家 10 家试验区之一，为连云港农业发展迎来了历史发展机遇，要充分利用国家的支持政策，通过中国连云港与东盟农业经贸洽谈会、江苏农业国际合作洽谈会等活动，构筑农业对外开放新平台，完善国际贸易"单一窗口"功能，综合保税区封关运作。采取会展、项目推介、技术合作、商务考察、合作交流等形式来展现现代农业对外合作的投资环境。2019 年 8 月 2 日，国务院同意连云港设立自由贸易试验区，推动了连云港农业对外经济的高质量发展，通过扩大开放来聚集创新要素，从而促进农业产业结构的进一步优化，为连云港农业对外合作提供了更广阔的平台。

三、做好产业规划，提高竞争能力

一是连云港农业对外开放合作要充分利用港口优势，通过国家、省政府的政策支持、招商引资、扩建码头，增长航线，吸引陇海中西部区域的农产品在连云港外包出口，增强港口的核心竞争力，实现港口农产品吞吐量超过千万吨目标；二是建立农业科研创新成果转化中心，通过与国内外高校及农业研究机构合作，引进国内外农业科技高端人才，在农业灾害预警、生物育种、农业大数据、生态农业等方面开展国际合作；三是建立农业产业集群示范基地，重点是赣榆区的水产养殖、东海县的花卉、灌云县的芦蒿、灌南县的菌菇为特色的农业产业集群，以增强农业企业的竞争力，抵御市场风险。

四、发挥要素禀赋，提升合作水平

由生产要素禀赋理论可知，国家或地区的要素禀赋主要体现在经济合作国家之间的自然资源、劳动力资源、技术要素等，通过农业资源与"一带一路"沿线国家之间形成资源优势互补。连云港农业资源丰富，已形成了紫菜、鲜切花、养殖、芦蒿、食用菇类等特色产业，形成赣榆国家级出口水果质量安全示范区、东海农业国际合作示范区、灌云现代农业产业园区、灌南现代农业产业园区等，为农业对外合作提供了根本保障。而在劳动力资源方面，中国随着相对于"一带一路"沿线国家在劳动密集型产业方面的优势下降，"一带一路"沿线国家丰富的劳动力资源可为农业生产经营提供人力支撑。在农业科技禀赋方面，可以进行国际间资源保护、品种选育、饲养技术、农业技术推广、牧草改良、畜病防治、动物疫病防控等方面农业科技合作。

五、引进高端人才，汇聚人力资源

习近平在党的第十九大报告中指出人才是实现民族振兴、赢得国际竞争主动的战略资源。农业对外合作更需要通晓国际贸易理论以及投资相关的法律法规、关税政策、税收体系、外汇管理、土地劳工政策的高层次人才，在农业对外合作过程中，对东道主国家的政策、法律、投资环境等信息进行全面掌握，以提高农业对外合作的抵抗风险的能力。所以政府可以赋予连云港农业对外开放合作试验区人才引进、人才培养等先试政策，一是要简化人才引进手续，高效率地为高层次人才提供便捷服务；二是要建立良好的激励机制，通过设立高层次人才工作站、柔性引进海外高层次人才等措施，从而推动连云港农业对外合作跨越式发展。

第六节　结　语

共同建设"一带一路"重大倡议，为农业对外合作提供了重要机遇，为农业对外开放合作指明了方向。近年来的中央一号文件已将农业对外经济合作作为中国农业发展的重要举措，也为农业合作提供了重大机遇与有利条件。连云港作为国家首批农业对外开放合作10家试验区之一，要充分利用重要机遇，充分发挥自身区位、经济、港口、农业资源等优势、克服农业产业聚集度不高、对外合作高端人才缺乏等劣势，化解威胁，以应对农业对外开放合作的政治风险、自然风险、市场风险和国际非关税贸易壁垒等风险，积极探索开放型农业对外经济新体制，把连云港建设成为国家农业对外开放合作试验区的示范区、引领区，为中国农业对外开放合作提供可复制、可推广的经验，从而促进农业对外开放合作走上可持续发展的道路。

第六章 农业对外开放合作风险防范调查分析

第一节 研究背景及意义

2013 年 9 月和 10 月，国家主席习近平提出共同建设"一带一路"的重大倡议，打造了欧亚区域经济一体化新格局，开启了地区新型合作新的篇章，可以说"一带一路"倡议是推动农业对外合作的指导纲领。随着中国农业对外开放合作的不断推进，农业政策变动、国际农产品市场不稳定、汇率变动、贸易壁垒、跨文化冲突等一些深层次的风险问题逐步凸现出来，这势必影响到农业对外开放合作的进程。

按照 2017 年农业农村部对农业合作示范园区的要求，建立健全风险防控体系，推进农业供给侧结构性改革，打造政策集成创设平台，建设开放型农业农村经济新体制，探索积累可复制、可推广的经验，是中国探索农业对外开放合作的新模式，新尝试，特别农业对外合作过程中的风险问题是重中之重，如何应对风险，进行风险防控已成为农业对外合作能否取得成功的关键因素之一。农业对外开放合作涉及政治稳定、农业政策变动、政府行政效率、农业保护主义、汇率变动、贸易壁垒、市场准入、跨文化冲突、知识产权保护、企业战略决策、组织运营以及突发事件风险因素等，所以从政府层面、企业（公司）、高校及研究院所三个层面进行问卷调研，进而进行统计分析，最后针对农业合作风险提出相关对策，为农业对外开放合作建设提供建设性意见，对实现农业经济对外开放具有一定的现实价值与指导意义。

第二节　问卷设计

　　农业国际合作必然存在风险，进行农业对外开放合作风险防范非常有必要。近年来，国内外很多学者对农业对外合作风险进行了大量的研究。文献[155]~[172]中，陈伟（2010年）、喻燕（2011年）、赵威（2012年）、高勇（2012年）、宋林燕（2012年）、何腊柏（2013年）、张友棠（2013年）、宋洁（2013年）、洪笑然（2014年）、王睦谊（2016年）、娜迪拉·甫拉提（2016年）、张芯瑜（2017年）、赵勇（2017年）、毛林妹（2017年）、周晶晶（2017年）、杨理智等（2018年）、范凝竹（2019年）、赵捷等（2020年）学者构建对外农业直接投资风险指标体系，本文基于以上的18篇文献指标的研究，通过对历史文献的综合，运用数理统计的方法，根据相对出现频次较高的指标来构建一套相对比较科学合理调查指标体系调查问卷。农业对外开放合作风险防范体系由"政治风险、经济风险、社会文化风险、管理风险、突发事件风险"五个子系统组成，其中"政治风险"由"东道国政治稳定性""农业政策变动风险""政府行政效率风险""农业保护主义风险""与东道国的国际关系风险""法律风险"组成；"经济风险"由"经济增长率""进出口贸易增长率""汇率变动风险""通货膨胀风险""贸易壁垒风险""市场准入风险"组成；"社会文化风险"由"跨文化冲突风险""种族冲突风险""宗教冲突风险""劳动力资源风险""消费偏好差异风险""知识产权保护风险"组成；"管理风险"由"战略决策风险""资金管理风险""财务管理风险""组织结构风险""组织运营风险""信息管理风险"组成；"突发事件风险"由"战争内乱风险""自然灾害风险""突发重大公共卫生事件风险""社会安全风险""事故灾难风险""罢工风险"组成。

第三节　调研情况

本次调研由 2019 年 7 月～2020 年 8 月从政府、企业（公司）、高校及研究院所三个层面进行，一共 65 家单位。其中政府层面有 17 家，他们是商务部、江苏省农业农村厅、江苏省发展和改革委员会、连云港市农业农村局、连云港市农业对外合作中心、连云港海关、连云港市商务局、连云港市海州区商务局、连云港市海州区农业农村局、东海县农业农村局、连云港市赣榆区农业农村局、太仓市农业农村局、灌南县农业农村局、灌云县农业农村局、张家港市农业农村局、昆山市农业农村局、连云港市国际贸易促进委员会；企业（公司）有 32 家，他们是连云港宾利国际贸易有限公司、江苏海晟律师事务所、江苏海福特海洋科技股份有限公司、连云港海湾现代农业发展有限公司、连云港市敏旺水产品进出口有限公司、连云港每日食品有限公司、江苏领鲜食品有限公司、连云港东源食品有限公司、罗盖特（中国）营养食品有限公司、连云港超特食品有限公司、灌云县三星食品有限公司、江苏沃田集团股份有限公司、连云港味之素如意食品有限公司、江苏微康生物科技有限公司、江苏裕灌现代农业科技有限公司、佳禾食品工业股份有限公司、杭州酸莓果科技有限公司、灌云县大豆原种场、江苏瀛洲发展集团有限公司、青岛朝洋水产食品有限公司、台太兴业（常熟）食品有限公司、连云港元通食品有限公司、江苏荷仙食品集团有限公司、扬州天禾食品有限公司、扬州天成食品有限公司、扬州新世纪蔬菜食品有限公司、扬州华贵食品有限公司、扬州华祥食品有限公司、扬州市金绿维食品有限公司、扬州蓝宝石食品有限公司、扬州市富田食品有限公司、扬州绿佳食品有限公司；高校及研究院所 16 家，他们是中国农业科学院、江泰风险管理研究院、美国田纳西州立大学、东北农业大学、河海大学、南京林业大学、江西财经大学、重庆师范大学、江苏海洋大学、淮阴师范学院、山东科技大学、山东财经大学、广东财经大学、连云港市社会科学院、连云港市农业科学院、江苏省社科院连云港分院。一共发放 139 份问卷，回收 139 份问卷，回收问卷后，进行问卷有效性检验，其中 7 份问卷为无效问卷，有效问卷为 132 份，有效问卷占回收问卷的 94.96%。

第四节　调研结果统计分析

本次调研采用统一问卷，问卷内容涵盖"政治风险、经济风险、社会文化风险、管理风险、突发事件风险"五个子系统，问卷调查由专家给五个子系统的二级指标进行打分，原则是请专家按评价指标相对重要性的大小对指标进行打分，填写的每个指标分值为"5，4，3，2，1"五个分数之一，分别对应风险级别"风险很高""风险较高""风险一般""风险较低""风险很低"。问卷发放采用随机抽样的方法，对政府、企业（公司）、高校及研究院所三个层面的 65 家单位进行问卷调查，得到有效问卷 132 份，然后进行数理统计分析。

（一）政治风险分析

风险专家打分统计表计算公式如下：

设分值为 x_i，人数为 y_i，风险因素数为 n，百分比为 a_i，平均值为。则

$$a_i = \frac{y_i}{\sum\limits_{i=1}^{n} y_i} \qquad (6.1)$$

$$b_i = \frac{\sum\limits_{i=1}^{n} x_i y_i}{\sum\limits_{i=1}^{n} y_i} \qquad (6.2)$$

政治风险专家打分统计表见表 6-1。

表 6-1 政治风险专家打分统计表

	风险等级（分值）x_i	人数 y_i	百分比 a_i /%	平均值 b_i
1 东道国政治稳定性	风险很低（1）	11	8.33	3.74
	风险较低（2）	10	7.58	
	风险一般（3）	26	19.70	
	风险较高（4）	40	30.30	
	风险很高（5）	45	34.09	
2 农业政策变动风险	风险很低（1）	17	12.88	2.89
	风险较低（2）	32	24.24	
	风险一般（3）	43	32.58	
	风险较高（4）	28	21.21	
	风险很高（5）	12	9.09	
3 政府行政效率风险	风险很低（1）	18	36.35	2.73
	风险较低（2）	37	28.03	
	风险一般（3）	43	32.58	
	风险较高（4）	31	23.48	
	风险很高（5）	3	2.27	
4 农业保护主义风险	风险很低（1）	16	12.12	2.94
	风险较低（2）	34	25.76	
	风险一般（3）	36	27.27	
	风险较高（4）	34	25.76	
	风险很高（5）	12	9.09	
5 与东道国的国际关系风险	风险很低（1）	10	7.58	3.43
	风险较低（2）	25	18.94	
	风险一般（3）	26	19.70	
	风险较高（4）	41	31.06	
	风险很高（5）	30	22.73	
6 法律风险	风险很低（1）	38	28.79	2.41
	风险较低（2）	39	29.55	
	风险一般（3）	29	21.97	
	风险较高（4）	15	11.36	
	风险很高（5）	11	8.33	

在政治风险"东道国政治稳定性"专家打分有效的 132 份调查问卷作答中发现，"风险一般"专家打分人数占 19.70%，"风险较高"专家打分人数占 30.30%，"风险很高"专家打分人数占 34.09，三项占比达 84.09%，从六个风险因素平均值来看，"东道国政治稳定性"平均值最大，这充分说明，东道国政治稳定性是农业对外合作的重要前提和保障，如果东道国政权经常更迭，没有一个相对稳定的政治环境，势必影响对外投资企业在东道国的投资决策。在"农业政策变动风险"中，"风险较低""风险一般""风险较高"专家打分人数所占比重达 78.03%，说明农业政策对农业对外合作相对重要，例如农业招商引资政策利好，有利于吸引外资投资，农业补贴政策有利于中小型企业的成长。在"政府行政效率风险"中，"风险较低""风险一般""风险较高"专家打分人数所占比重高达 84.09%，这充分说明政府行政效率已严重影响到农业对外合作的效能，需要转变政府职能，划清政府部门间职权界限，运用激励机制，创新高效服务软环境，提高政府的行政效率。在"农业保护主义风险"中，"风险较低""风险一般""风险较高"专家打分人数所占比重高达 78.79%，这说明农业保护主义已阻碍农业对外经济合作，2018 年 7 月 29 日，二十国集团农业部长在阿根廷首都布宜诺斯艾利斯举行会议，并发表联合声明，批评贸易保护主义，各国将明确履行世贸组织赋予的权利和义务，不构建非必要的贸易壁垒。在"与东道国的国际关系风险"中，"风险较高""风险很高"专家打分人数所占比重高达 73.49%，说明与东道国的国际关系好坏也是影响农业对外合作的一个重要因素，跨国公司的社会责任已成为与东道国进行合作的有效手段，可以改变东道国的投资环境，进而形成一种良性的合作关系。在"法律风险"中，"风险很低""风险较低""风险很高"专家打分人数所占比重达 80.31%，"法律风险"平均值与其他风险指标的平均值比较起来，2.41 也为最低，说明与前面几个风险因素比较起来，"法律风险"相对较小，但作为对外贸易公司或投资企业也要强化法律风险意识，特别是引进通晓东道国的法律高层次人才，做到防患于未然。

（二）经济风险分析

经济风险专家打分统计表见表 6-2，计算公式见公式（6.1）、公式（6.2）。

表 6-2　经济风险专家打分统计表

	风险等级（分值）x_i	分值 x_i	人数 y_i	百分比 a_i/%	平均值 b_i
1 经济增长率	风险很低（1）	1	27	20.45	2.65
	风险较低（2）	2	39	29.55	
	风险一般（3）	3	32	24.24	
	风险较高（4）	4	21	15.91	
	风险很高（5）	5	13	9.85	
2 进出口贸易增长率	风险很低（1）	1	21	15.91	2.73
	风险较低（2）	2	34	25.76	
	风险一般（3）	3	46	34.85	
	风险较高（4）	4	22	16.67	
	风险很高（5）	5	9	6.82	
3 汇率变动风险	风险很低（1）	1	12	9.09	3.00
	风险较低（2）	2	34	25.76	
	风险一般（3）	3	46	34.85	
	风险较高（4）	4	22	16.67	
	风险很高（5）	5	18	13.64	
4 通货膨胀风险	风险很低（1）	1	14	10.61	2.94
	风险较低（2）	2	31	23.48	
	风险一般（3）	3	51	38.64	
	风险较高（4）	4	21	15.91	
	风险很高（5）	5	15	11.36	
5 贸易壁垒风险	风险很低（1）	1	14	10.61	3.36
	风险较低（2）	2	20	15.15	
	风险一般（3）	3	33	25.00	
	风险较高（4）	4	34	25.76	
	风险很高（5）	5	31	23.48	

风险等级（分值）x_i	分值 x_i	人数 y_i	百分比 a_i/%	平均值 b_i

	风险等级（分值）x_i	分值 x_i	人数 y_i	百分比 a_i/%	平均值 b_i
6 市场准入风险	风险很低（1）	1	26	19.70	2.95
	风险较低（2）	2	25	18.94	
	风险一般（3）	3	30	22.73	
	风险较高（4）	4	31	23.48	
	风险很高（5）	5	20	15.15	

在经济风险"经济增长率"专家打分有效的 132 份调查问卷作答中发现，"风险较低"专家打分人数占 29.55%，"风险一般"专家打分人数占 24.24%，说明经济增长率风险相对较低，经济增长率与风险呈负相关性，经济利好，风险越小。同样，"进出口贸易增长率"也是负相关性指标，"风险一般"专家打分人数占 34.85%，"风险较低"专家打分人数占 25.76%，两者专家打分人数占比达 60.61%，说明"进出口贸易增长率"相比于"经济增长率"风险稍大。"汇率变动风险"中"风险一般"和"风险较低"两者专家打分人数占比达 60.61%，风险情况与"进出口贸易增长率"持平；作为农业企业对外投资贸易方，在东道国进行相关业务时，要防止在运用外币计价收付的交易过程中，因外汇汇率的变动而蒙受损失，对于投资贸易主体来说，强化海外本土化生产，进一步扩大多边贸易，做到未雨绸缪。"通货膨胀风险"中"风险一般"专家打分人数占 38.64%，"风险较低"专家打分人数占 23.48%，两者专家打分人数占比达 62.12%，说明"通货膨胀风险"比"进出口贸易增长率""汇率变动风险"的风险性稍高，在通货膨胀情况下，物价上涨，货币贬值，对外投资方的经营条件恶化，购买力存在一定的风险，投资者收益受损较大，这时投资方应该做好风险预警，调整融资方式，提高产品竞争力，从而把通货膨胀造成的风险降低。而"贸易壁垒风险"中"风险一般""风险较高""风险很高"三者所占比例达 74.24%，"贸易壁垒风险"因素平均值也最大，这充分说明贸易壁垒风险已成为农业对外开放合作的主要风险之一。当今世界全球贸易壁垒存在一定的上升风险，特别是发达国家

的贸易保护举措不利于国际间的贸易合作。"市场准入风险"中"风险一般"与"风险较高"两者所占比例达46.21%，说明"市场准入风险"相对较高，贸易国家政府之间在相互开放市场方面对各种进出口贸易设置了过高的限制措施，最终导致了对外合作的相对较高的风险。

（三）社会文化风险分析

社会文化风险专家打分统计表见表6-3，计算公式见公式（6.1）、公式（6.2）。

表6-3 社会文化风险专家打分统计表

	风险等级（分值）x_i	分值 x_i	人数 y_i	百分比 a_i/%	平均值 b_i
1 跨文化冲突风险	风险很低（1）	1	37	28.03	2.43
	风险较低（2）	2	32	24.24	
	风险一般（3）	3	41	31.06	
	风险较高（4）	4	13	9.85	
	风险很高（5）	5	9	6.82	
2 种族冲突风险	风险很低（1）	1	37	28.03	2.47
	风险较低（2）	2	37	28.03	
	风险一般（3）	3	29	21.97	
	风险较高（4）	4	20	15.15	
	风险很高（5）	5	9	6.82	
3 宗教冲突风险	风险很低（1）	1	36	27.27	2.50
	风险较低（2）	2	35	26.52	
	风险一般（3）	3	30	22.73	
	风险较高（4）	4	21	15.91	
	风险很高（5）	5	10	7.58	
4 劳动力资源风险	风险很低（1）	1	36	27.27	2.48
	风险较低（2）	2	32	24.24	
	风险一般（3）	3	34	25.76	
	风险较高（4）	4	24	18.18	
	风险很高（5）	5	6	4.55	

	风险等级（分值）x_i	分值 x_i	人数 y_i	百分比 a_i /%	平均值 b_i
5 消费偏好差异风险	风险很低（1）	1	33	25.00	2.42
	风险较低（2）	2	41	31.06	
	风险一般（3）	3	33	25.00	
	风险较高（4）	4	20	15.15	
	风险很高（5）	5	5	3.88	
6 知识产权保护风险	风险很低（1）	1	36	27.27	2.52
	风险较低（2）	2	31	23.48	
	风险一般（3）	3	35	26.52	
	风险较高（4）	4	21	17.50	
	风险很高（5）	5	9	6.82	

在社会文化风险，"跨文化冲突风险"专家打分有效的 132 份调查问卷作答中发现，"风险很低"专家打分人数占 28.03%，"风险较低"专家打分人数占 24.24%，"风险一般"专家打分人数占 31.06%，三者所占比例达 83.33%，说明"跨文化冲突风险"相对较小，主要原因是随着农业对外开放合作的不断深入，国家（地区）与国家（地区）之间的交往日益增强，跨国公司或企业对东道国的文化观念、价值取向逐渐清晰，同时跨国公司或企业往往储备了具备在不同文化环境中处理综合事务能力的高层次人才，所以在他国经营时与东道国产生的文化观念方面的冲突也变得相对较小。在"种族冲突风险"中，"风险较低""风险一般""风险一般"三者专家打分人数比例达 78.03%，说明"种族冲突风险"风险较小，随着世界投资贸易的规模的不断扩大，东道国政府也在积极在政策、投资环境等方面进行改善，而作为投资方，在与东道国雇员或民众产生矛盾时，可多寻求东道国政府帮助，避免与东道国本地人产生对立，进而引发种族冲突。在"宗教冲突风险"中，"风险较低""风险一般""风险一般"三者专家打分人数比例达 76.52%，说明宗教冲突风险也相对较低，宗教属于社会特殊意识形态，在东道国进行投资或贸易时，投资贸易方充分了解东道国的宗教的信条、仪礼、戒律等，尊重他们的宗

教信念，有利于国际投资贸易的顺利开展。在"劳动力资源风险"中，"风险较低""风险一般""风险一般"三者专家打分人数比例达77.27%，这也说明劳动力资源风险相对较低，随着劳动力成本的上升，相对于东道国，往往面临着高素质农业人才紧缺的局面，此时东道国的劳动力资源优势相对明显，从而降低了劳动力资源风险。在"消费偏好差异风险"中，"风险较低""风险一般""风险一般"三者专家打分人数比例达81.86%，说明消费偏好差异风险明显较低，作为投资或贸易方，对东道国的消费群体消费商品或劳务的价值观、民风民俗、消费取向等要有明确的把握，这也是在对东道国进行投资或贸易决策的前提。在"知识产权保护风险"中，"风险较低""风险一般""风险一般"三者专家打分人数比例达77.27%，这也说明知识产权保护风险相对较低，主要原因一是知识产权的专利权制度、商标权制度、著作权制度不断完善，二是作为投资方或贸易方，具有知识产权法律意识，避免产生知识产权纠纷。

（四）管理风险分析

管理风险专家打分统计表见表6-4，计算公式见公式（6.1）、公式（6.2）。

表6-4　管理风险专家打分统计表

	风险等级（分值）x_i	分值 x_i	人数 y_i	百分比 a_i /%	平均值 b_i
1 战略决策风险	风险很低（1）	1	19	14.39	3.06
	风险较低（2）	2	29	21.97	
	风险一般（3）	3	36	27.27	
	风险较高（4）	4	21	15.91	
	风险很高（5）	5	27	20.45	
2 资金管理风险	风险很低（1）	1	31	23.48	2.77
	风险较低（2）	2	28	21.21	
	风险一般（3）	3	29	21.97	
	风险较高（4）	4	28	21.21	
	风险很高（5）	5	16	12.12	

	风险等级（分值）x_i	分值 x_i	人数 y_i	百分比 a_i/%	平均值 b_i
3 财务管理风险	风险很低（1）	1	36	27.27	2.55
	风险较低（2）	2	31	23.48	
	风险一般（3）	3	32	24.24	
	风险较高（4）	4	22	16.67	
	风险很高（5）	5	11	8.33	
4 组织结构风险	风险很低（1）	1	34	25.76	2.26
	风险较低（2）	2	51	38.64	
	风险一般（3）	3	30	22.73	
	风险较高（4）	4	13	9.85	
	风险很高（5）	5	4	3.03	
5 组织运营风险	风险很低（1）	1	34	25.76	2.33
	风险较低（2）	2	46	34.85	
	风险一般（3）	3	28	21.21	
	风险较高（4）	4	22	16.67	
	风险很高（5）	5	2	1.52	
6 信息管理风险	风险很低（1）	1	46	34.85	2.22
	风险较低（2）	2	37	28.03	
	风险一般（3）	3	27	20.45	
	风险较高（4）	4	18	13.64	
	风险很高（5）	5	4	3.03	

在管理风险"战略决策风险"专家打分有效的 132 份调查问卷作答中可知，风险专家打分人数所占比例较高的有"风险较低"，占比 21.97%，"风险一般"占比 27.27%，"风险很高"占比 20.45%，从六个风险因素平均值来看，"战略决策风险"平均值最大，从而说明战略决策风险相对较高，农业企业对外投资贸易过程中，战略涉及企业全局和长远发展，要充分考虑企业对外投资贸易的政治因素、经济因素、社会因素、科技

因素、法律因素，而这些因素往往具有较高的不确定性，从而导致战略决策风险增大。在"资金管理风险"中，"风险很低"所占比最大，占比23.48%，相对来说，资金管理风险相对较低，作为对外投资贸易农业企业要做好资金来源和资金使用基础性工作，特别是对投资大、见效慢、周期长的境外农业投资项目，要慎重安排，以确保资金的运用效率。在"财务管理风险"中，"风险较低""风险一般""风险一般"三者专家打分人数比例达74.99%，这说明财务管理风险相对较小，农业企业对外投资过程中，财务风险管理针对金融市场的不确定性，做好量化分析，计算投资方案的投资回收期、净收益现值、投资报酬率等成本收益，采取科学运筹方法，确定最佳的投资方案。在"组织结构风险"中，"风险较低""风险一般""风险一般"三者专家打分人数比例达87.13%，说明组织结构风险较低，为了保证农业对外投资贸易的有效通信和协调，组织结构优化要注重工作专门化，适当分权与集权，建立一个分工相对合理的协作体系。在"组织运营风险"中，"风险较低""风险一般""风险一般"三者专家打分人数比例达81.82%，说明组织运营风险也相对较低，外投资贸易农业企业主体一方面针对投资贸易外部环境的复杂性和变动性能及时进行动态调整其战略，另一方面提升对环境变化的认知适应能力，从而对东道国的政策环境、法律环境的变化等有明确的把握。在"信息管理风险"中，"风险较低""风险一般""风险一般"三者专家打分人数比例达83.33%，是管理风险六个因素中前三者专家打分人数比例最高的，说明信息管理风险相对最低，农业企业对外投资贸易过程中，信息风险主要是对东道国的政治、政策、国际关系、法律等信息掌握获取不对称而形成的，随着计算机网络的兴起，以及通晓东道国政治、政策、法律等高层次人才的大力引进，信息管理风险会越来越低。

（五）突发事件风险分析

突发事件风险专家打分统计表见表6-5，计算公式见公式（6.1）、公式（6.2）。

表 6-5　突发事件风险专家打分统计表

	风险等级（分值）x_i	分值 x_i	人数 y_i	百分比 a_i/%	平均值 b_i
1 战争内乱风险	风险很低（1）	1	30	22.73	3.12
	风险较低（2）	2	22	16.67	
	风险一般（3）	3	21	15.91	
	风险较高（4）	4	20	15.15	
	风险很高（5）	5	39	29.55	
2 自然灾害风险	风险很低（1）	1	18	13.64	3.09
	风险较低（2）	2	23	17.42	
	风险一般（3）	3	40	30.30	
	风险较高（4）	4	31	23.48	
	风险很高（5）	5	20	15.15	
3 突发重大公共卫生事件风险	风险很低（1）	1	15	11.36	3.18
	风险较低（2）	2	26	19.70	
	风险一般（3）	3	33	25.00	
	风险较高（4）	4	36	27.27	
	风险很高（5）	5	22	16.67	
4 社会安全风险	风险很低（1）	1	34	25.76	2.56
	风险较低（2）	2	34	25.76	
	风险一般（3）	3	32	24.24	
	风险较高（4）	4	20	15.15	
	风险很高（5）	5	12	9.09	
5 事故灾难风险	风险很低（1）	1	36	27.27	2.42
	风险较低（2）	2	40	30.30	
	风险一般（3）	3	28	21.21	
	风险较高（4）	4	21	15.91	
	风险很高（5）	5	7	5.30	
6 罢工风险	风险很低（1）	1	63	47.73	2.01
	风险较低（2）	2	23	17.42	
	风险一般（3）	3	31	23.48	
	风险较高（4）	4	12	9.09	
	风险很高（5）	5	3	2.27	

在突发事件风险"战争内乱风险"专家打分有效的 132 份调查问卷作答中可知,"风险很高"占比 29.55%,从而说明战争内乱风险相对较高,在对外投资贸易过程中,战争内乱风险是由于发生了战争或内乱而导致投资项目的风险,会使投资方在东道国境内投资项目遭受破坏或受到比较严重的影响,这也使战争内乱风险成为比较高风险的主要原因。在"自然灾害风险"中,"风险一般"所占比例最高,为 30.30%,在境外农业生产投资过程中,自然灾害造成农业对外投资损失主要因素有台风、海啸、水灾、冰雹、泥石流、干旱等自然灾害等,会给农业对外投资企业带来一定的风险。在"突发重大公共卫生事件风险"中,"风险一般""风险较高"两者专家打分人数比例最高,达到 52.27%,从六个风险因素平均值来看,"突发重大公共卫生事件风险"平均值最大,这说明突发重大公共卫生事件风险已成为农业对外投资贸易的主要风险之一,例如,新冠肺炎疫情重大突发公共卫生事件传播速度快、感染范围广、防控难度大、危害程度大,这对人民健康和生命生成严重损害,同时对对外投资、国际贸易造成严重不可估量的损失。在"社会安全风险"中,"风险很低""风险较低"两者专家打分人数比例最高,达到 51.52%,说明社会安全风险相对较低,目前对外投资贸易对象东道国意识到只有稳定的社会安全环境,才能吸引外资,带动本国的经济发展,所以东道国在社会治安、交通安全以及生产安全等方面进行有效的预防和应对。在"事故灾难风险"中,"风险很低""风险很低"两者专家打分人数比例最高,达到 57.57%,说明事故灾难风险相对较低,作为投资方,在东道国进行农业项目投资时,一是在考察东道国政府在重大环境污染、生态破坏事故等风险方面是否有良好的预警机制,二是自己生产部门对大量的有危害能量的危险性物质加强安全管理,力图将事故灾难风险降到最低程度。在"罢工风险"中,"风险很低"专家打分人数比例最高,达到 47.73%,说明罢工风险程度最低,与前面的五个因素相比,专家打分的均值中"罢工风险"的均值只有 2.01,基本上接近于"风险较低"程度,罢工是劳资双方往往由于薪资待遇等方面的不同诉求导致双方矛盾不可调和的产物,劳资双方可以"希克斯"谈判模型进行谈判,由于谈判的特征具有不确定性，这决定了劳资双方在谈判中的策略，最终选择妥协与让步是双方寻找可以接受的解决途径。

第五节　结　语

2017 年农业农村部开展农业对外合作建设试点建设中，明确要求农业合作示范园区要建立健全运营管理与服务机制、风险防控体系，所以运用社会调查的方法，从政府、企业（公司）、高校及研究院所三个层面进行，一共 65 家单位，对农业对外开放合作风险防范体系"政治风险、经济风险、社会文化风险、管理风险、突发事件风险"五个子系统的 30 项指标进行社会调查，通过对数据统计分析，可以得出在"政治风险"中的"东道国政治稳定性"、"经济风险"中的"贸易壁垒风险"、"社会文化风险"中的"知识产权保护风险"、"管理风险"中的"战略决策风险"、"突发事件风险"中的"突发重大公共卫生事件风险"是重要防范指标。为了更好地应对风险，进行风险防控是实现农业对外开放合作的关键环节，这也是要进行的下一步研究主要内容。本书为农业对外投资贸易过程中潜在风险进行了调查分析，做了一些有益的工作，但也存在一些缺陷，项目调研针对政府、企业（公司）、高校及研究院所三个层面，对这些部门特别是政府层面调查还存在一定困难，造成样本数据相对较少，希望能更多地得到相关部门领导以及企业（公司）、高校及研究院所专家的支持，通过调查分析研究，为农业对外合作外开放合作风险进行预警防范，以及为政府制定有关政策提供依据，从而促进农业对外开放合作健康可持续发展。

第七章　基于李克特主成分 D-S 理论的农业对外开放合作风险预警系统构建研究

第一节　研究背景及研究综述

21 世纪以来，中国农业产业在进出口贸易、对外投资以及外商投资等方面取得了丰硕的成果。据 2019 年国民经济和社会发展统计公报，全年农产品进出口商品总值为 14 979 亿元，农业外商直接投资企业 495 家，农业对外非金融类直接投资额 106 亿元，由此可见，中国农业产业在进出口贸易总额以及外商投资、对外投资等方面取得了一定的成效，但同时农业对外合作还存在一定的风险。所以进行农业对外开放合作风险防范研究显得非常有必要，而风险预警指标体系的科学构建是农业对外开放合作风险预警防范的重要前提。近年来，很多学者对农业对外合作风险指标体系进行了大量的研究。陈伟等（2010 年）从政治风险、经济风险、金融风险等三个方面分析中国农业"走出去"面临的国家风险；喻燕（2011 年）从企业战略、外部环境、竞争能力、组织结构、运营流程等六个方面构建中国企业海外耕地投资战略风险指标；赵威（2012 年）从宏观环境的政治风险、政府政策风险、宏观经济风险、社会文化风险，中观（行业）环境的竞争风险、产品市场风险、原材料市场风险，微观（企业内部）环境的技术风险、经营风险、财务风险、人力资源风险、投资风险、筹资风险等方面构建中国对外直接投资的风险评价指标；高勇

（2012 年）从政治变动、经济风险、农业项目决策风险、农业技术及人力资源风险、自然灾害风险等五个方面分析中国农业企业对外直接投资风险；宋林燕（2012 年）从政治风险、经济风险、跨文化风险、自然风险等四个方面分析我国海外粮食产业投资的风险；何腊柏（2013 年）从战略环境分析风险、核心能力风险、境外资源合作区位风险、境外资源合作模式风险、战略决策风险、资源储量和品位风险、融资风险、健康安全环保风险、跨文化管理风险、政治经济环境突变风险等十个方面分析了境外资源合作战略风险；张友棠（2013 年）从政治风险、经济风险、社会风险、技术风险、管理风险、财务风险等六个方面进行了风险指标的设计；宋洁（2013 年）从外部环境的宏观政治经济状况、市场需求状况、竞争状况、技术进步状况、政策和法律的状况、自然状况，以及内部环境的人流素质、物流效率、资金流的安全度、信息流通性等十个方面构建新疆企业投资哈萨克斯坦农业风险指标；洪笑然（2014 年）从政治风险、经济风险、法律风险、社会风险、自然风险、技术风险、劳资纠纷风险、市场风险以及其他风险等九个方面分析中国对非洲农业投资的风险；王睦谊（2016 年）从政治风险、经济风险、法律风险、文化风险等四个方面分析"一带一路"倡议背景下中国对苏丹直接投资的风险；娜迪拉·甫拉提（2016 年）从政治风险、自然风险、经济风险、技术风险、法律政策风险等五个方面分析哈萨克斯坦农业投资风险；张芯瑜（2017 年）从国际环境、东道国环境、投资国环境、企业内部环境等四个方面构建中国农业企业对外直接投资项目风险体系；赵勇（2017 年）从政治法律风险、宏观经济风险、文化冲突风险、社会安全风险等四个方面分析山东省对外农业投资的风险；毛林妹（2017 年）从政治风险、资源风险、技术风险、环境风险、市场风险、交易风险、管理风险等七个方面设计风险指标体系；周晶晶（2017 年）从东道国政治法律风险、经济风险、社会文化风险、技术环境风险、企业风险等五个方面设计投资风险指标体系；杨理智等（2018 年）从经济安全、金融安全、政治安全、社会安全等四个方面对中国"一带一路"投资安全风险进行评估；范凝竹（2019 年）从政治风险、经济风险、社会风险、法律风险、管理风险、自然灾害风险等六个方面分析 G 公司对越南农业直接投资风险影响因素；赵捷等（2020年）从政治风险、经济与市场风险、社会风险、行业风险等四个方面对构建"一带一路"沿线国家农业投资风险评估指标体系。以上学者构建对外农业直接投资风险指标体系，进而对风险进行评价，并提出对策建议，为农业对外合作作出了有益的贡献。但很多学者从自身的角度通过主观的方法确定了一套指标体系，指标体系的科学性还有待进一步考量。

所以，如何运用科学的方法和手段构建农业对外开放合作风险预警系统指标体系成为当务之急，农业对外开放合作风险预警系统指标体系的研究已成为农业对外开放合作研究的瓶颈，解决好生态农业对外开放合作风险预警系统指标体系问题，才能更科学地对农业对外开放合作风险进行预警，这是农业对外开放合作研究的主要任务之一。

第二节　建立农业对外开放合作风险预警系统指标体系的重要性

一、指标及指标体系内涵

进行农业对外开放合作风险预警时，首先要根据农业对外开放合作风险预警系统的特征来确定评价指标，再由指标构成农业对外开放合作风险预警指标体系。所以指标是农业对外开放合作风险预警指标体系的一个个细胞，关于指标的定义，学者曹利军认为，指标是反映系统要素或现象的数量概念的具体数值，它包括指标的名称和指标的数值两部分。有的学者认为指标（indicator）意指指出、意味、表明、确定、估计等，是反映总体现象的特定概念和具体数值，是从数量方面说明总体现象的某种属性或特征。也有的学者认为它是对客观世界的一种刻画、描述和度量，是反映系统要素或现象的数量概念和具体数值。其实它是客观世界的特定概念和具体数值。

二、农业对外开放合作风险预警指标体系的意义

要想对农业对外开放合作风险进行预警，做好农业对外开放合作风险预警指标体系研究，才能使农业对外开放合作从理论研究走向可操作性研究阶段。只有合理科学的具有可操作性的指标体系才能衡量和检验农业对外开放合作风险预警程度的大小。所以对农业对外开放合作风险预警问题的研究，如果没有具体的可操作性的评价指标体系、评价方法和模型，农业对外开放合作风险预警只能是纸上谈兵。目前农业对外开放合作迫切需要一套科学的可操作性的行之有效的风险预警指标体系，只有运用科学合理的可操作性的指标体系，做好农业对外开放合作风险预警才有可能，才能掌握农业对外开放合作风险预警状态程度大小，所以说指标体系的建立是农业对外开放合作风险预警的前提基础。

第三节　农业对外开放合作风险预警指标体系构建的设计原则

农业对外开放合作风险预警涉及政治风险、经济风险、社会文化风险、管理风险、突发事件风险的综合量度。通过农业对外开放合作风险预警指标体系构建，进而对农业对外开放合作风险状况进行预警，从而科学地制定生态农业对外开放合作的战略对策。所以构建农业对外开放合作风险预警指标体系的原则包括以下六点：

一、科学性原则

指标体系的构建一定要建立在科学基础上，必须以科学发展观、和谐理论、可持续发展理论、生态文明等理论为依据。

指标的选取要有一定的科学内涵，能够真实度量和反映本地区的政治风险、经济风险、社会文化风险、管理风险、突发事件风险五个维度的结构和功能的现状以及未来的发展趋势。确保农业对外开放合作风险预警结果的科学性。

二、可操作性原则

在科学性的指导下，确保指标含义明确，应注意指标数据的易获取性，以有一定的现实统计做基础。农业对外开放合作风险预警指标还要易于量化，指标的设置要尽可能利用现有统计资料，通过统计资料整理、抽样调查、典型调研或直接农业、科研等部门获得。不可操作的指标再好也是毫无用处的，具体指标可从现实统计基础或通过测量得到或可通过科学方法聚合生成。

三、系统性原则

农业对外开放合作风险预警涉及政治、经济、社会、管理等诸多领域，所以农业对外开放合作风险预警指标的选取也涉及政治制度、社会文化、经济生活、管理活动等方面。没有系统的观点，建立农业对外开放合作风险预警指标也是不可取的。所以农业对外开放合作风险预警指标应该是一个较完整的体系，这样才能反映农业对外开放合作的内涵、特征、水平、目标及其方向，更好地兼顾政治、社会、经济、管理等方面的效益。

四、层次性原则

农业对外开放合作风险预警系统是一个涉及政治、经济、社会、管理等领域的复杂的系统，可分解为若干较小的政治、经济、社会、管理等子系统，各子系统又可进一步分解为若干个更小的子系统，一直可以分解到单项指标层。因此，农业对外开放合作风险预警指标体系应该由若干个层次构成，层次划分得越细，指标体系就越庞大，包含的指标也数目就越多。所以农业对外开放合作风险预警指标体系的层次划分也要根据区域实际情况、评价对象和目标，把握一个合理的层次尺度，使之处在一个较为科学合理的水平上。

五、动态性原则

农业对外开放合作风险预警是一个动态变化的过程，如果只运用静态的观点来构建农业对外开放合作风险预警指标体系，显然是不够的，还应该根据不同的具体情况、不同的条件环境等，针对农业对外开放合作风险预警指标动态变化特点，采用动态的指标来反映农业对外开放合作的客观情况，从而做出较科学合理的农业对外开放合作风险预警指标体系。

六、独立性与完备性相结合原则

农业对外开放合作风险预警指标体系是由一系列互相独立而又互相联系的指标组成的有机整体，从不同的角度反映出政治、经济、社会、管理等方面的情况，农业对外开放合作风险预警指标体系构建应该充分体现农业对外开放合作主要特征和发展状态。要避免指标的信息重叠或冗余，尽可能使指标具有相对独立性。因此，在选择指标时要做到将独立性与完备性相结合，既要全面、详细，又要简要、独立。

总之，在设置和筛选农业对外开放合作风险预警指标体系时，必须坚持科学性、可操作性、系统性、层次性、动态性和独立性与完备性相结合原则的统一。上述原则既要综合考虑，又要区别对待。只有综合考虑并协调，才能对农业对外开放合作发展状态和趋势做出比较全面科学的预警。

第四节 农业对外开放合作风险预警指标体系的特点

指标是帮助人们理解事物如何随时间发生变化的定量化信息。对于农业对外开放合作风险预警系统来说，单个指标显然难以反映农业对外开放合作的主要特征，需要有多个具有内在联系的指标按一定结构层次组合在一起构成农业对外开放合作风险预警指标体系，以更全面、更综合地反映农业对外开放合作的不同侧面。

农业对外开放合作风险预警指标体系涉及政治、经济、社会、管理等诸要素，它是一个等诸要素相互作用、相互影响结成的政治—经济—社会—管理等构成的复合指标系统。

农业对外开放合作风险预警指标体系必须有以下几个特点。

一、目的性

农业对外开放合作风险预警体系的设计是为了比较科学地对农业对外开放合作风险进行预警，是为农业对外开放合作提供决策依据，最终目的是为提高农业对外开放合作效益。

二、科学性

农业对外开放合作风险预警指标体系的设计应该符合客观实际，应该基于科学发展观、和谐理论、可持续发展理论、生态文明的理论体系，而目前这些理论尚需完善，所以在理论逐步成熟的过程中边实践、边总结，理念指导实践，反过来，实践再进一步推动理论的进一步完善。所以目前构建农业对外开放合作风险预警指标体系要注意科学性和实践性相统一。

三、系统性

农业对外开放合作风险预警指标体系也不是指标的任意叠加、简单堆砌，从"系统体系"的角度上，更多地强调各个指标都紧密围绕一个共同主体和核心的有机整体，指标之间既具有一定的内在联系，又尽可能去除指标信息的冗余和重叠，指标体系应是由反映农业对外开放合作各个侧面的多个预警指标结成的有机集合，而没有游离于系统外的孤立的指标。

四、创新性

农业对外开放合作风险预警指标体系的构建以管理学、农业经济学、系统科学、数理统计学、新制度经济学、D-S 信息融合理论、神经网络理论等多学科理论为指导，针对指标体系的研究范围扩展到政治、经济、社会、管理等诸要素的情况，应该充分运用定性和定量相结合数学分析的方法，科学合理地选取农业对外开放合作风险预警指标，要使构建农业对外开放合作风险预警指标体系有所发展，有所创新。

第五节　农业对外开放合作风险预警指标体系的功能

农业对外开放合作风险预警指标体系是一个农业对外开放合作程度的参照系。农业对外开放合作风险预警指标体系能用于判断一个政治、经济、社会、管理等方面的农业对外开放合作发展水平。农业对外开放合作风险预警指标体系的功能主要体现反映、监测、评价、预测等方面。

一、反映功能

农业对外开放合作风险预警指标的特征应具有较强的代表性，能反映农业对外开放合作风险预警涉及的政治、经济、社会、管理等方面的现状。

二、监测功能

监测功能是反映功能的延伸，监测农业对外开放合作系统在某一时期内发展趋势。

三、评价功能

指标体系具有评价功能，它能反映功能、监测功能的进一步深化和发展。通过评价，找出问题的症结，从而可以综合处理政治、经济、社会、管理等各领域之间的矛盾，达到农业对外开放合作可持续发展。

四、预测功能

预测功能是对农业对外开放合作发展趋势的未来估计，根据预测结果及早地对工作作出恰当的安排，从而确立农业对外开放合作发展的目标，并对农业对外开放合作的发展进行有效的动态调控，分步骤、分阶段逐步实现农业对外开放合作的既定目标。

第六节　常用的指标体系构建方法

目前，大多数专家学者、研究人员采用主观的方法、频度统计法、主成分分析法、专家咨询法等方法来筛选指标。

一、德尔非法（Delphi）

德尔非法最早由赫尔姆和达尔克提出，在很多的决策领域得到应用。德尔非法依据系统的程序，采用专家匿名方式填写意见，即专家之间不得互相讨论，不发生横向联系，只能与调查人员发生关系，通过多轮次调查专家对问卷所提问题的看法，经过反复征询、归纳、修改，最后汇总成专家基本一致的看法，作为决策的依据。这种方法具有广泛的代表性，较为可靠。

德尔非法的基本实施流程如下。

（一）成立协调小组

协调小组组成要包含专业人士、统计学专家、社会学专家等，主要任务：拟定研究主题，编制咨询表，选择专家和调查表资料的统计分析。

（二）由规划小组选择评估专家

要注意专家组成的代表性，专家必须熟悉所要研究的问题。专家人数应根据研究项目的规模和精度而定，人数太少，限制了学科的代表性；人数太多，难以组织，数据处理复杂且工作量大。一般情况下，预测的精度与专家人数呈函数关系，即随着专家人数的增加而精度提高。有关研究表明专家的人数不得少于 13 人，专家人数以 15~50 人左右比较适宜，但对于一些重大问题，专家人数可以扩大些（如 100 人以上）。

（三）采用信函法征询专家意见

首先设计函询调查表，表中所提的问题要集中、明确。一般征询四轮。第一轮，提出预测目标、指标及其落实规划的政策措施，提供有关资料和咨询要求，征求专家意见并请专家补充有关内容。第二轮，归纳整理第一轮专家反馈意见，在调查表中提出预测问题（整理后的问题），请专家对所列问题再进行评价，并阐明理由，然后由规划小组对专家意见进行统计。第三轮，修改预测。将第二轮的统计资料反馈给专家，再次对调查表所列目标、指标及措施进行评价。同时，要求专家对所提不同意见陈述理由。第四轮，最后预测。将第三轮专家反馈的意见整理分析，再反馈给专家，请专家提出最后的意见和根据。

诚然，德尔非法比较简单实用，然而对于复杂的系统指标筛选来说，由于其主观性较强，难以达到预期的效果，会影响到评价的结果。

二、频度分析法（FA 法）

频度分析法主要原理是对目前有关研究报告、论文进行频度统计，选择那些使用频度较高的指标。目前也有不少学者运用频度分析法进行指标的筛选研究，频度分析法结合其他指标筛选方法，具有一定的科学性，常常被用于指标体系的筛选。

三、主成分分析法

主成分分析法最早是由美国心理学家 Charies Spearman 于 1904 提出，基本思想是用少数潜在的相互独立的主成分指标的线性组合来表示实测的多个指标，该线性组合反映原多个实测指标的主要信息，找出主导因素，是一种将多个指标化为少数几个不相关的综合指标（即主成分）的多元统计分析方法。

（一）主成分分析原理及其数学模型

主成分分析原理及其数学模型如下：

假设收集到 n 个样品，每个样品观测到个变量（记为 $x_1, x_2, \cdots, x_p$，为简单起见，可以设 x_i 均值为 0，方差为 1，$1 \leqslant i \leqslant p$），构成一个 $n \times p$ 阶数据矩阵 X：

$$X = \begin{pmatrix} x_{11} & x_{12} & \cdots & x_{1p} \\ x_{21} & x_{22} & \cdots & x_{2p} \\ \vdots & \vdots & & \vdots \\ x_{n1} & x_{n2} & \cdots & x_{np} \end{pmatrix} \quad (7.1)$$

主成分分析的目的在于利用 p 个原始变量（$x_1, x_2, \cdots, x_p$）构造少数几个新的综合变量，使得新变量为原始变量的线性组合，新变量互不相干，新变量包含 p 个原始变量的绝大部分信息。这样定义 $x_1, x_2, \cdots, x_p$ 为原变量指标，$z_1, z_2, \cdots, z_m$（$m \leqslant p$）为新的综合变量指标，每一个新综合变量指标是 p 个原始变量的线性组合：

$$\begin{cases} z_1 = l_{11}x_1 + l_{12}x_2 + \cdots + l_{1p}x_p \\ z_2 = l_{21}x_1 + l_{22}x_2 + \cdots + l_{2p}x_p \\ \cdots\cdots\cdots\cdots \\ z_m = l_{m1}x_1 + l_{m2}x_2 + \cdots + l_{mp}x_p \end{cases} \quad (7.2)$$

同时要求满足以下几个条件：

（1） z_i 与 $z_j (i \neq j; \ i,j=1,2,\cdots,m)$ 相互无关；

（2）是 $x_1,x_2,\cdots,x_p$ 的一切线性组合中方差最大者；z_2 是与 z_1 不相关的 $x_1,x_2,\cdots,x_p$ 的所有线性组合中方差最大者；z_m 是与 $z_1,z_2,\cdots,z_{m-1}$ 都不相关的 $x_1,x_2,\cdots,x_p$ 的所有线性组合中方差最大者；刚新变量 $z_1,z_2,\cdots,z_m$ 分别称为原变量 $x_1,x_2,\cdots,x_p$ 的第一，第二，……，第 m 主成分。

从以上的分析可以看出，主成分分析的实质就是确定原来变量 $x_j (j=1,2,\cdots,p)$ 在诸主成分 $z_i (i=1,2,\cdots,m)$ 上的系数 $l_{ij} (i=1,2,\cdots,m; \ j=1,2,\cdots,p)$。从数学可以证明，它们分别是 p 个原始变量 $x_1,x_2,\cdots,x_p$ 相关矩阵的前 m 个具有较大特征值所对应的特征向量，而各个综合变量 z_i 的方差 $\mathrm{var}(z_i)$ 恰好是相应的特征根 λ_i。各主成分的方差贡献大小按特征根顺序排列，是依次递减的，即 $\lambda_1 \geqslant \lambda_2 \geqslant \cdots \geqslant \lambda_p \geqslant 0$。

（二）主成分分析的基本步骤

下面具体介绍主成分分析的基本步骤。

（1）确定分析变量，收集数据；

（2）对原始数据进行标准化；

（3）对标准化后的数据求协方差矩阵 $\sum$，即原始数据的相关矩阵。如果不进行标准化处理，忽略步骤 2，则直接计算原始数据的相关矩阵。则方程如下：

$$\boldsymbol{R} = \begin{pmatrix} r_{11} & r_{12} & \cdots & r_{1p} \\ r_{21} & r_{22} & \cdots & r_{2p} \\ \vdots & \vdots & & \vdots \\ r_{p1} & r_{p2} & \cdots & r_{pp} \end{pmatrix} \qquad (7.3)$$

$r_{ij} (i,j=1,2,\cdots,p)$ 为原变量 x_i 与 x_j 的相关系数，$r_{ij}=r_{ji}$，其计算公式为：

$$r_{ij} = \frac{\sum_{k=1}^{n}(x_{ki}-\overline{x}_i)(x_{kj}-\overline{x}_j)}{\sqrt{\sum_{k=1}^{n}(x_{ki}-\overline{x}_i)^2 \sum_{k=1}^{n}(x_{kj}-\overline{x}_j)^2}} \qquad (7.4)$$

（4）计算特征根与相应的标准正交特征向量；

（5）计算主成分贡献率及累计贡献率；

① 贡献率：

$$\frac{\lambda_i}{\sum_{k=1}^{p} \lambda_k} \quad (i=1,2,\cdots,p) \tag{7.5}$$

② 累计贡献率：

$$\frac{\sum_{k=1}^{i} \lambda_k}{\sum_{k=1}^{p} \lambda_k} \quad (i=1,2,\cdots,p) \tag{7.6}$$

（6）确定主成分数目的保留，方法如下：

① 一般取累计贡献率达 85%～95%的主成分；

② 选用所有 $\lambda_i \geqslant 1$ 的主成分；

③ 累积特征值乘积大于 1 的主成分；

④ 画出特征值变化曲线，经转折点位置为标准判断。

（7）计算主成分；

（8）结论解释与推断。

目前，大多数专家学者、研究人员采用主观的方法、频度统计法、主成分分析法、专家咨询法等方法来筛选指标。在指标体系的筛选上具有一定的科学性。从某一方面来说是可行的，合理的。但从方法上看，近年来，指标筛选的方法还没有太多的突破。人们一般都从自己的立场出发，缺乏各学科间的协调，指标缺乏兼容性。可以说，指标体系筛选的研究还处于一种百家争鸣的状态。笔者认为指标体系的筛选方法还需要继续深入研究，进一步探索农业对外开放合作风险预警指标的筛选也成为本书主要研究的内容之一。

第七节　农业对外开放合作风险预警指标体系研究思路

为了克服指标体系构建的主观性，先对历史文献的指标进行频度分析来构建初步的农业对外开放合作风险预警指标体系，然后通过调查问卷让两组不同的专家对指标打分，对其中的一组专家的调查分值运用李克特量表法进行指标筛选，得到指标体系 I；对另外一组专家的调查分值运用主成分分析法进行指标筛选，得到指标体系 J，再运用 $D-S$ 理论对前两者方法筛选后的指标进行信息融合，按相对权重的大小提取合理科学的指标，进而形成农业对外开放合作风险预警指标体系，如图 7-1 所示。

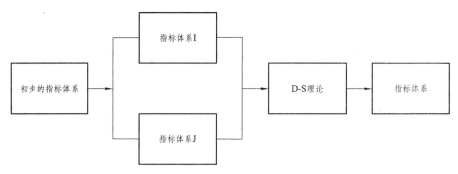

图 7-1　指标体系构建逻辑图

第八节　理论基础

一、信息融合理论

D-S 理论信息融合基本可信度分配函数公式如下：

$$m_i(j) = \frac{c_i(j)}{\sum_j c_i(j)} \quad j = 1, 2, \cdots n \tag{7.7}$$

其中，i 为融合次数，n 为相关指标数目数。式中 $m_i(j)$ 为基本可信度分配函数；$c_i(j)$ 为数据不同方法指标权重结果输出。再利用证据理论的组合规则，来进行多次融合。D-S 理论组合规则，假设 $Bel_1, Bel_2, \cdots Bel_n$ 是相同辨识框架 Θ 上的信任函数，$m_1, m_2, \cdots, m_n$ 是对应的基本可信度分配，如果 $Bel_1 \oplus Bel_2 \oplus \cdots \oplus Bel_n$ 存在基本可信度分配 m，则

$$m(A) = (1 - \sum_{\bigcap_{i=1}^{n} A_i = \Phi} m_1(A_1) \cdots m_n(A_n))^{-1} \sum_{\bigcap_{i=1}^{n} A_i = A} m_1(A_1) \cdots m_n(A_n) \qquad （7.8）$$

二、李克特量表法及其数据模型构建

（一）李克特量表法

李克特量表法是由美国社会心理学家伦西斯·李克特提出的用于测量抽象社会指标的一种技术。李克特量表的制作程序有六步：

（1）提出调查问题。在初步探索基础上提出一组正、反两类问题。

（2）制定评分规则。按正反方向，把不同程度的问题分为 3~5 个评分等级。

（3）进行测量试验。选取所测组织 n 位人员进行测量试验，给出每个人员的每个问题得分，并计算总分，再按照其高低顺序排列。

（4）评估测试结果。计算总分最高和最低的各 1/4 的人在每个问题上的平均分，并计算出二者之间平均值的差值。

（5）制定总加量表。根据辨别力强弱确定问题的是否去除。将那些辨别力强的、没有去掉的问题制成总加量表。

（6）实际测量。用制作的总加量表去调查成员对问题的看法，并计算每个成员的回答问题的得分总分。总分越高，说明对该问题认识越倾向于肯定；总分越低，则对该问题认识越倾向于否定。

（二）构建数据模型

水延凯《社会调查教程》中给出了算法思想，笔者将李克特量表法思想抽象成以下数学模型算法：

假设一级指标体系有 k 个指标，每一二级指标体系有 m 个指标，调

查的专家人数为 n。根据专家给每一个 m 个指标打分的分值 x_{ij}，运用公式（7.9）进行计算总分 S_i^h，并按总分 S_i^h 从高到低排序，再运用公式（7.10）计算每一个二级指标的前 1/4 总分最高的分值平均值 $S_{a_i j}^h$，运用公式（7.11）计算后 1/4 总分最低的分值平均值 $S_{a_b j}^h$，运用公式（7.12）计算公式（7.10）与公式（7.11）的差值 S_{dj}^h。

$$S_i^h = \sum_{j=1}^{m} x_{ij} , \quad h=1,2,\cdots,k , \quad i=1,2,\cdots,n , \quad j=1,2,\cdots,m \qquad (7.9)$$

$$S_{a_i j}^h = \frac{\sum_{i=1}^{n/4} S_{ij}}{n/4} , \quad h=1,2,\cdots,k , \quad i=1,2,\cdots,n/4 , \quad j=1,2,\cdots,m \qquad (7.10)$$

$$S_{a_b j}^h = \frac{\sum_{i=1+3n/4}^{n} S_{ij}}{n/4} , \quad h=1,2,\cdots,k , \quad i=1+3n/4, 2+3n/4, \cdots, n ,$$
$$j=1,2,\cdots,m \qquad (7.11)$$

$$S_{dj}^h = S_{a_i j}^h - S_{a_b j}^h \qquad (7.12)$$

筛选的原则是将每组二级指标里辨别力最弱的指标去除，比较每一个二级指标的 S_{dj}^h，$MIN(S_{dj}^h)$ 最小值对应的指标则为辨别力最弱的指标，所以将 $MIN(S_{dj}^h)$ 对应的指标去除。如果二级指标中，有两个或两个以上的 $MIN(S_{dj}^h)$，则比较 S_i^h/m 均值的大小，S_i^h/m 均值越小，说明风险性较低，则去除 S_i^h/m 均值相对较小的对应的指标。

三、主成分分析法

主成分分析法最早是由美国心理学家 Charies Spearman 于 1904 提出的多元统计分析方法。具体内容见本章第六节。

第九节　难点处理

运用李克特量表法选取的指标体系 I 和运用主成分分析法选取的指

标体系 J 可能在数量与种类上不同。为了便于比较，给专家两组打分的指标归格化。为此笔者尝试用以下的数学模型（虚拟权）处理数量与种类上不同的指标体系 I 和指标体系 J，使它们归格化。

设指标体系 I 有 n 个指标，指标体系 J 有 m 个指标，并设 $n \geq m$，指标体系 I 与指标体系 J 的交集用 L 表示，交集内共有 l 个指标，有 $l \leq m$。（见图 7-2）

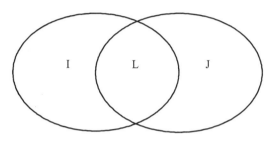

图 7-2　指标体系交集示意图

所以规格化指标 U 的个数为 $n+m-l$ 个。

指标体系 I 增加 $m-l$ 个指标，该指标笔者称之为"虚拟指标"，为了便于信息融合，给其一个非常小的几乎不影响融合结果的"虚拟权"值 0.01。

同理，指标体系 J 增加 $n-l$ 个指标，该指标也称之为"虚拟指标"，为了便于信息融合，也给其一个非常小的几乎不影响融合结果的"虚拟权"值 0.01。

第十节　基于频度分析的风险预警指标体系构建

前面大多数研究的指标体系由研究者主观给出，指标的科学性还有待探讨，本书基于前文研究综述里的十八篇文献（文献[155] ~ [172]）指标的研究，运用数理统计的方法，通过对研究文献的综合，构建相对出现频次较高的指标，构建一套初步的农业对外开放合作风险预警指标体系，如图 7-3 所示。

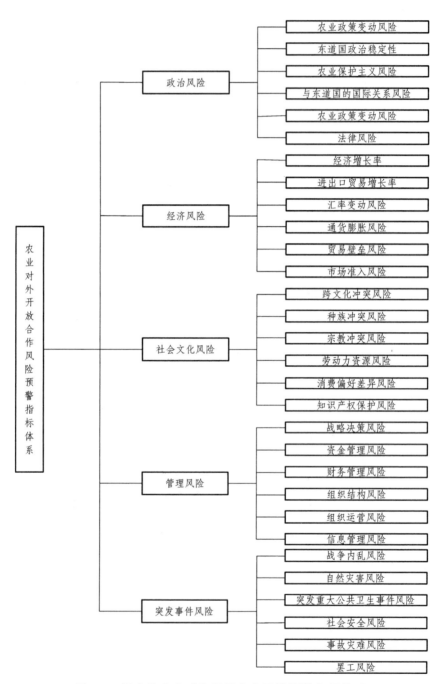

图 7-3 初步的农业对外开放合作风险预警指标体系

第十一节　基于李克特量表法的风险预警指标体系构建

本书研究组于 2019 年 7 月—2020 年 8 月对政府、企业（公司）、高校或研究院所三个层面 16 家单位的 16 位专家进行调研。16 家单位是商务部、江苏省农业农村厅、连云港市农业农村局、连云港市农业对外合作中心、连云港海关、连云港市海州区商务局共 6 家政府部门，江苏海福特海洋科技股份有限公司、连云港海湾现代农业发展有限公司、江苏海晟律师事务所、连云港每日食品有限公司、江苏微康生物科技有限公司共 5 家企业（公司），重庆师范大学、美国田纳西州立大学、东北农业大学、江苏海洋大学以及江泰风险管理研究院共 5 家高校或研究院所。

运用李克特量表法数学模型对 16 位专家的调查问卷进行处理,问卷调查"政治风险"数据及处理见表 7-1。表 7-1 中,"东道国政治稳定性""农业政策变动风险""政府行政效率风险""农业保护主义风险""与东道国的国际关系风险""法律风险"分别用 x_{11}, x_{12}, x_{13}, x_{14}, x_{15}, x_{16} 表示, 表示"政治风险" 16 个专家的打分分值的总和, $S_{a_i,j}^1$ 表示"政治风险"专家打分值总分最高的前 4 个指标分值平均值；$S_{a_b,j}^1$ 表示"政治风险"专家打分值总分最低的后 4 个指标分值平均值, S_{dj}^1 表示"政治风险"专家打分值总分最高 4 人平均分与总分最低 4 人平均分的差值。"经济风险""社会文化风险""管理风险""突发事件风险"变量名称标法以此类推。

表 7-1 "政治风险"试测结果评估表

	专家	S_i^1	x_{11}	x_{12}	x_{13}	x_{14}	x_{15}	x_{16}
测试得分	1	26	3	5	4	5	5	4
	2	25	5	5	5	3	3	4
	3	24	4	5	4	5	3	3
	4	24	5	4	3	4	5	3
	5	23	5	3	4	3	3	5

	专家	S_i^1	x_{11}	x_{12}	x_{13}	x_{14}	x_{15}	x_{16}
测 试 得 分	6	23	5	4	4	4	4	2
	7	23	5	4	3	4	4	3
	8	22	3	3	3	5	5	3
	9	21	5	4	2	3	5	2
	10	21	4	2	4	4	2	5
	11	21	4	3	3	4	5	2
	12	20	4	3	3	4	4	2
	13	18	4	3	1	4	5	1
	14	15	3	3	1	5	5	1
	15	12	2	2	2	2	2	2
	16	9	2	1	1	2	1	2
辨 别 力 评 分	总分最高4人平均分 $S_{a,j}^1$		4.5	4.75	4	4.25	4	3.5
	总分最低4人平均分 $S_{a_b,j}^1$		2.75	2	1.75	2.25	3.25	1.5
	平均值差数 S_{dj}^1		1.75	2.75	2.25	2	0.75	2
	评估结果		保留	保留	保留	保留	去除	保留

因为 x_{15} "与东道国的国际关系风险"对应的 S_{d5}^1 值为 0.75，说明辨别力最弱，应该淘汰；其他的风险因素平均值相对较高，说明辨别力相对较强，应该保留。所以"政治风险"二级筛选后指标为 x_{11} "东道国政治稳定性"、x_{12} "农业政策变动风险"、"政府行政效率风险"、x_{14} "农业保护主义风险"、x_{16} "法律风险"。

同理，可对"经济风险"测试结果进行评估，得筛选后的指标为 x_{21} "经济增长率"、x_{22} "进出口贸易增长率"、x_{24} "通货膨胀风险"、"贸易壁垒风险"、x_{26} "市场准入风险"。"社会文化风险"筛选后的指标为 x_{31} "跨文化冲突风险"、x_{32} "种族冲突风险"、x_{33} "宗教冲突风险"、x_{34} "劳动力资源风险"、x_{35} "消费偏好差异风险"。"管理风险"筛选后的指标为 x_{41} "战略决策风险"、x_{42} "资金管理风险"、x_{43} "财务管理风险"、x_{44}

"组织结构风险"、x_{46} "信息管理风险"。而 "突发事件风险" 试测结果评估二级指标 x_{54} "社会安全风险" 与 x_{56} "罢工风险" 的平均值差数 $S_{d4}^5 = S_{d6}^5 = 1.75$，所以根据数学模型算法 "如果二级指标中，有两个或两个以上的 $MIN(S_{dj}^h)$，则比较 S_i^h / m 均值的大小，S_i^h / m 均值越小，说明风险性较低，则去除 S_i^h / m 均值相对较小的对应的指标" 计算两个二级指标的 16 位专家打分的平均分值，二级指标 x_{54} 的 16 位专家打分的平均分值为 2.75，二级指标 x_{56} 的 16 位专家打分的平均分值为 2.25，所以去除二级指标 x_{56} "罢工风险"，最后 "突发事件风险" 二级筛选后指标为 x_{51} "战争内乱风险"、x_{52} "自然灾害风险"、x_{53} "突发重大公共卫生事件风险"、x_{54} "社会安全风险"、x_{55} "事故灾难风险"。

所以，运用李克特法筛选后得到的指标体系为：一级指标 "政治风险" 由二级指标东道国政治稳定性、农业政策变动风险、政府行政效率风险、农业保护主义风险、法律风险组成；一级指标 "经济风险" 由二级指标经济增长率、进出口贸易增长率、通货膨胀风险、贸易壁垒风险、市场准入风险组成；一级指标 "社会文化风险" 由二级指标跨文化冲突风险、种族冲突风险、宗教冲突风险、劳动力资源风险、消费偏好差异风险组成；一级指标 "管理风险" 由二级指标战略决策风险、资金管理风险、财务管理风险、组织结构风险、信息管理风险组成；一级指标 "突发事件风险" 由二级指标战争内乱风险、自然灾害风险、突发重大公共卫生事件风险、社会安全风险、事故灾难风险组成。

第十二节　基于主成分分析法的风险预警指标体系构建

本书研究组 2019 年 7 月—2020 年 8 月对政府、企业（公司）、高校或研究院所三个层面另外 16 家单位的 16 位专家进行调研。16 家单位是江苏省发展改革委员会、连云港市商务局、连云港市国际贸易促进委员会、连云港赣榆区农业农村局、连云港海州区农业农村局、东海县农业农村局共 6 家政府部门，江苏领鲜食品有限公司、江苏裕灌现代农业科技有限公司、江苏沃田集团股份有限公司、杭州酸莓果科技有限公司、连云港宾利国际贸易有限公司共 5 家企业（公司），中国农业科学院、广东财经大学、河海大学、南京林业大学、山东财经大学共 5 家高校或研究院所。

对 16 家单位的 16 位专家调查问卷打分数据进行主成分分析，问卷调查数据见表 7-2，运用主成分分析法得到的碎石图见图 7-4，碎石图的 Y 轴为特征值，X 轴为成分数，主成分载荷矩阵表见表 7-3。

表 7-2 "政治风险" 试测结果评估表

	专家	x_{11}	x_{12}	x_{13}	x_{14}	x_{15}	x_{16}
测试得分	1	3	5	4	5	5	4
	2	5	5	5	3	3	4
	3	4	5	4	5	3	3
	4	5	4	3	4	5	3
	5	5	3	4	3	3	5
	6	5	4	4	4	4	2
	7	5	4	3	4	4	3
	8	3	3	3	5	5	3
	9	5	4	2	3	5	2
	10	4	2	4	4	2	5
	11	4	3	3	4	5	2
	12	4	3	3	4	4	2
	13	4	3	1	4	5	1
	14	3	2	3	1	5	1
	15	2	2	2	2	2	2
	16	2	1	1	2	1	2
	平均分	4	3.125	2.812 5	3.312 5	3.75	3

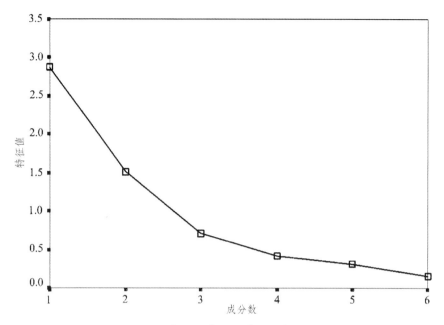

图 7-4 "政治风险"主成分分析碎石图

表 7-3 "政治风险"子系统主成分载荷矩阵表

	Component				
	1	2	3	4	5
x_{11}	.730	.158	− .530	− .393	.042
x_{12}	.864	.239	− .007	.127	− .383
x_{13}	.788	− .406	− .138	.384	.037
x_{14}	.700	.188	.636	− .225	.006
x_{15}	.347	.848	− .018	− .213	.330
x_{16}	.600	− .715	.105	.069	.254

所以运用主成分分析法剔除部分次要指标，得"政治风险"子系统指标为：x_{12}农业政策变动风险，x_{15}与东道国的国际关系风险，x_{14}农业保护主义风险，x_{11}东道国政治稳定性，x_{16}法律风险。

同理，运用主成分分析法得"经济风险"子系统指标为：x_{25}贸易壁垒风险、x_{21}经济增长率、x_{26}市场准入风险、x_{24}通货膨胀风险、x_{23}汇率变动风险。"社会文化风险"子系统指标为：x_{32} 种族冲突风险、x_{36} 知识产权保护风险、x_{35} 消费偏好差异风险、x_{34} 劳动力资源风险、x_{31} 跨文化冲突风险。"管理风险"子系统指标为：x_{43} 财务管理风险、x_{42} 资金管理风险、x_{44} 组织结构风险、x_{45} 组织运营风险、x_{41} 战略决策风险。"突发事件风险"子系统指标为：x_{53} 突发重大公共卫生事件风险、x_{51} 战争内乱风险、x_{56} 罢工风险、x_{55} 事故灾难风险、x_{52} 自然灾害风险。

所以运用主成分分析法筛选后得到的指标体系为：一级指标"政治风险"由二级指标农业政策变动风险、与东道国的国际关系风险、农业保护主义风险、东道国政治稳定性、法律风险组成；一级指标"经济风险"由二级指标贸易壁垒风险、经济增长率、市场准入风险、通货膨胀风险、汇率变动风险组成；一级指标"社会文化风险"由二级指标种族冲突风险、知识产权保护风险、消费偏好差异风险、劳动力资源风险、跨文化冲突风险组成；一级指标"管理风险"由二级指标财务管理风险、资金管理风险、组织结构风险、组织运营风险、战略决策风险组成；一级指标"突发事件风险"由二级指标突发重大公共卫生事件风险、战争内乱风险、罢工风险、事故灾难风险、自然灾害风险组成。

第十三节　基于 D-S 理论的风险预警指标体系

由李克特法和主成分分析法筛选后分别得到不同的两套指标体系，李克特法筛选后的每一个二级指标权重为 16 家单位，即商务部、江苏省农业农村厅、连云港市农业农村局、连云港市农业对外合作中心、连云港海关、连云港市海州区商务局、江苏海福特海洋科技股份有限公司、连云港海湾现代农业发展有限公司、江苏海晟律师事务所、连云港每日食品有限公司、江苏微康生物科技有限公司、重庆师范大学、美国田纳西州立大学、东北农业大学、江苏海洋大学以及江泰风险管理研究院的 16 位专家对每一个二级指标打分的均值，并作归一化处理，见表 7-4；主成分分析法筛选后的每一个二级指标权重为 16 家单位，即江苏省发展改革委员会、连云港市商务局、连云港市国际贸易促进委员会、连云港赣榆区农业农村局、连云港海州区农业农村局、东海县农业农村局、江苏领鲜食品有限公司、江苏裕灌现代农业科技有限公司、江苏沃田集团股份有限公司、杭州酸莓果科技有限公司、连云港宾利国际贸易有限公司、中国农业科学院、广东财经大学、河海大学、南京林业大学、山东财经大学的 16 位专家对每一个二级指标打分的均值，并作归一化处理，见表 7-5。带有"虚拟权"的指标体系见表 7-6。

表 7-4　李克特法筛选指标体系调查处理表

政治风险子系统权重 W_I^1	东道国政治稳定性	农业政策变动风险	政府行政效率风险	农业保护主义风险	法律风险
	0.236 8	0.199 2	0.184 2	0.214 3	0.165 4
经济风险子系统权重 W_I^2	经济增长率	进出口贸易增长率	通货膨胀风险	贸易壁垒风险	市场准入风险
	0.168 6	0.168 6	0.196 1	0.235 3	0.231 4
社会文化风险子系统权重 W_I^3	跨文化冲突风险	种族冲突风险	宗教冲突风险	劳动力资源风险	消费偏好差异风险
	0.196 2	0.177 0	0.196 2	0.224 9	0.205 7
管理风险子系统权重 W_I^4	战略决策风险	资金管理风险	财务管理风险	组织结构风险	信息管理风险
	0.227 3	0.235 5	0.214 9	0.148 8	0.173 6
突发事件风险子系统权重 W_I^5	战争内乱风险	自然灾害风险	突发重大公共卫生事件风险	社会安全风险	事故灾难风险
	0.210 9	0.226 6	0.230 5	0.171 9	0.160 2

表 7-5　主成分分析法筛选指标体系调查处理表

政治风险子系统权重 W_J^1	东道国政治稳定性	农业政策变动风险	农业保护主义风险	与东道国的国际关系风险	法律风险
	0.232 7	0.181 8	0.192 7	0.218 2	0.174 5
经济风险子系统权重 W_J^2	经济增长率	汇率变动风险	通货膨胀风险	贸易壁垒风险	市场准入风险
	0.171 4	0.196 4	0.189 3	0.235 7	0.207 1
社会文化风险子系统权重 W_J^3	跨文化冲突风险组成	种族冲突风险	劳动力资源风险	消费偏好差异风险	知识产权保护风险
	0.208 5	0.195 7	0.191 5	0.208 5	0.195 7

政治风险子系统权重 W_J^1	东道国政治稳定性	农业政策变动风险	农业保护主义风险	与东道国的国际关系风险	法律风险
	0.232 7	0.181 8	0.192 7	0.218 2	0.174 5
管理风险子系统权重 W_J^4	战略决策风险	资金管理风险	财务管理风险	组织结构风险	组织运营风险
	0.234 6	0.222 2	0.201 6	0.168 7	0.172 8
突发事件风险子系统权重 W_J^5	战争内乱风险	自然灾害风险	突发重大公共卫生事件风险	事故灾难风险	罢工风险
	0.232 3	0.212 6	0.208 7	0.189 0	0.157 5

表 7-6　带有"虚拟权"的指标体系表

W_I^1	东道国政治稳定性	农业政策变动风险	政府行政效率风险	农业保护主义风险	法律风险	与东道国的国际关系风险
	0.236 8	0.199 2	0.184 2	0.214 3	0.165 4	0.01
W_J^1	东道国政治稳定性	农业政策变动风险	政府行政效率风险	农业保护主义风险	法律风险	与东道国的国际关系风险
	0.232 7	0.181 8	0.01	0.192 7	0.174 5	0.218 2
W_I^2	经济增长率	进出口贸易增长率	通货膨胀风险	贸易壁垒风险	市场准入风险	汇率变动风险
	0.168 6	0.168 6	0.196 1	0.235 3	0.231 4	0.01
W_J^2	经济增长率	进出口贸易增长率	通货膨胀风险	贸易壁垒风险	市场准入风险	汇率变动风险
	0.171 4	0.01	0.189 3	0.235 7	0.207 1	0.196 4
W_I^3	跨文化冲突风险	种族冲突风险	宗教冲突风险	劳动力资源风险	消费偏好差异风险	知识产权保护风险
	0.196 2	0.177 0	0.196 2	0.224 9	0.205 7	0.01
W_J^3	跨文化冲突风险组成	种族冲突风险	宗教冲突风险	劳动力资源风险	消费偏好差异风险	知识产权保护风险
	0.208 5	0.195 7	0.01	0.191 5	0.208 5	0.195 7

W_I^1	东道国政治稳定性	农业政策变动风险	政府行政效率风险	农业保护主义风险	法律风险	与东道国的国际关系风险
	0.236 8	0.199 2	0.184 2	0.214 3	0.165 4	0.01
W_I^4	战略决策风险	资金管理风险	财务管理风险	组织结构风险	信息管理风险	组织运营风险
	0.227 3	0.235 5	0.214 9	0.148 8	0.173 6	0.01
W_J^4	战略决策风险	资金管理风险	财务管理风险	组织结构风险	信息管理风险	组织运营风险
	0.234 6	0.222 2	0.201 6	0.168 7	0.01	0.172 8
W_I^5	战争内乱风险	自然灾害风险	突发重大公共卫生事件风险	社会安全风险	事故灾难风险	罢工风险
	0.210 9	0.226 6	0.230 5	0.171 9	0.160 2	0.01
W_J^5	战争内乱风险	自然灾害风险	突发重大公共卫生事件风险	社会安全风险	事故灾难风险	罢工风险
	0.232 3	0.212 6	0.208 7	0.01	0.189 0	0.157 5

运用 D-S 理论公式进行计算得五个子系统的带有"虚拟权"指标信息融合权重，结果见表 7-7，其中 $m(j)1$ 为"政治风险"子系统指标权重融合结果，$m(j)2$ 为"经济风险"子系统指标权重融合结果，"社会文化风险"子系统指标权重融合结果，$m(j)4$ 为"管理风险"子系统指标权重融合结果，$m(j)5$ 为"突发事件风险"子系统指标权重融合结果。

表 7-7 带有"虚拟权"的指标权重融合结果表

$m(j)1$	0.333 0	0.218 8	0.011 1	0.249 5	0.174 4	0.013 2
$m(j)2$	0.167 0	0.009 7	0.214 5	0.320 5	0.276 9	0.011 3
$m(j)3$	0.247 3	0.209 4	0.011 9	0.260 4	0.259 3	0.011 8
$m(j)4$	0.300 3	0.294 7	0.244 0	0.141 4	0.009 8	0.009 7
$m(j)5$	0.273 9	0.269 4	0.269 0	0.009 6	0.169 3	0.008 8

按照指标体系的权重大小选取评价指标，所以"政治风险"选取的指标为：东道国政治稳定性、农业政策变动风险、农业保护主义风险、法律风险、与东道国的国际关系风险。"经济风险"选取的指标为：经济增长率、通货膨胀风险、贸易壁垒风险、市场准入风险、汇率变动风险。"社会文化风险"选取的指标为：跨文化冲突风险、种族冲突风险、宗教冲突风险、劳动力资源风险、消费偏好差异风险。"管理风险"选取的指标为：战略决策风险、资金管理风险、财务管理风险、组织结构风险、信息管理风险。"突发事件风险"选取的指标为：战争内乱风险、自然灾害风险、突发重大公共卫生事件风险、社会安全风险、事故灾难风险。

第十四节　结　语

　　为了克服指标体系构建的主观性，使构建的指标具有一定的科学性，本书通过对历史文献的指标进行频度分析构建初步的指标体系，进而通过调查问卷让两组不同的专家对指标进行打分，再李克特量表法和主成分分析法分别进行指标筛选，最后运用 D-S 理论对前两者方法筛选后的指标进行信息融合，从而得到相对科学合理的农业对外开放合作风险预警指标体系。由于农业对外开放合作风险系统总是处于不断的运动发展变化之中，本书建立起来的评价指标也有一定的相对性和局限性。所以，随着农业对外开放合作系统发展的动态变化，需要不断地进行指标体系构建方法的探讨，通过不断灵活地完善、修改和补充评价指标，以确保农业对外开放合作风险系统指标的时效性，进而针对重要防范指标进行风险预警防控，这是实现农业对外开放合作风险预警的关键环节。通过本书研究，可为农业对外开放合作风险预警防范体系的构建提供可复制、可推广的经验，更好地服务于农业对外开放合作风险预警和决策，从而促进农业对外开放合作健康可持续发展。

第八章 基于模糊神经网络模型的农业对外开放合作风险预警研究

第一节 研究背景

21世纪以来，中国农业产业对外开放进入了一个全新的阶段，农业对外开放合作取得了一定的成效。据2019年国民经济和社会发展统计公报，农产品进出口商品总值为14 979亿元，农业外商投资企业已达495家，农业对外直接投资达106亿元。但农产品进出口总值只占全部进出口商品总值比重的4.75%、农业商外商投资金额占全部外商投资金额比重的0.4%、农业对外投资额占全年对外投资额比重的1.39%，这些比重都非常低，这充分说明农业对外合作还存在一些问题，特别是近年来国际贸易壁垒、汇率变动、农业保护主义以及突发公共卫生事件等问题日益突出，已严重影响到农业对外开放合作的正常进行，所以对农业对外开放合作风险预警防范显得非常有必要，本书对农业对外开放合作风险预警进行探索具有一定的理论价值和现实意义。

第二节 研究思路

农业对外开放合作风险预警指标体系分为五个子系统，共两级指标。运用模糊数学方法对五个子系统的二级指标数据运用隶属度函数进行处理，得到五个子系统指标的各个预警子集的隶属度，将各个预警子集的隶属度和运用层次分析法得到的权重进行运算，进而得出一级模糊综合预警向量，再将一级模糊综合预警向量作为神经网络评价模型的输入，再运用神经网络模型对农业对外开放合作风险预警，由于神经网络具有非线性处理能力，使农业对外开放合作风险预警具有一定的科学性。

第三节　实证研究

一、问卷调查情况

本书研究组于 2019 年 7 月—2020 年 8 月从政府、企业（公司）、高校及研究院所三个层面进行问卷调查，一共 65 家单位。其中政府层面有 17 家（具体见本书第六章第三节）。问卷中农业对外开放合作风险防范体系由"政治风险、经济风险、社会文化风险、管理风险、突发事件风险"五个子系统组成，专家按指标相对重要性的大小对指标进行打分。每个指标分值为"5，4，3，2，1"五个分数之一，对应风险等级"风险高""风险较高""风险一般""风险较低""风险低"。一共发放 139 份问卷，回收 139 份问卷，回收问卷后，进行问卷有效性检验，其中 7 份问卷为无效问卷，有效问卷为 132 份，有效问卷占回收问卷的 94.96%。

二、用层次分析法确定指标权重

层次分析法（Analytic Hierarchy Process，AHP）是由美国运筹学家 T. L. Saaty 提出的将定性和定量相结合、系统化、层次化的分析方法，可在一定程度上将定性问题定量化。AHP 方法的基本思想是把复杂问题分解成各个组成因素，又将这些因素按支配关系分组形成递阶层次结构，通过两两比较的方式确定层次中诸因素的相对重要性，然后综合有关人员的判断，确定备选方案相对重要性的总排序，整个过程体现了人们分解—判断—综合的思维特征。

（一）分析该系统中各基本要素之间的关系，建立递阶层次结构

AHP 法层次结构如图 8-1 所示。

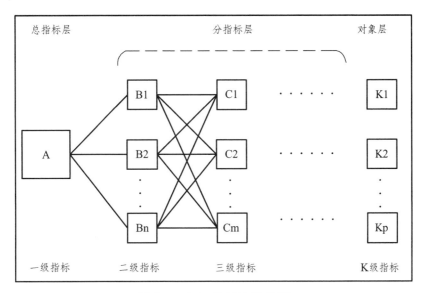

图 8-1　AHP 法层次结构图

（二）阶层的判断矩阵，并进行一致性检验

判断矩阵的一般公式定义为

$$A \overset{\Delta}{=\!=} (a_{ij})$$

式中，a_{ij} 是要素 i 与要素 j 相比的重要性标度。标度定义见表 8-1。

表 8-1　判断矩阵标度定义

标度	含义
1 3 5 7 9	两个要素相比，具有同样重要性 两个要素相比，前者比后者稍重要 两个要素相比，前者比后者明显重要 两个要素相比，前者比后者强烈重要 两个要素相比，前者比后者极端重要
2、4、6、8	上述相邻判断的中间值
倒数	两个要素相比，后者比前者的重要性标度

（三）求各因素相对于上层准则的归一化相对重要度向量 w_i^0

w_i 是根据各判断矩阵计算被比较要素对于该准则的相对权重，其常用计算方法是根法，即：

$$w_i = (\prod_{j=1}^{n} a_{ij})^{\frac{1}{n}} \tag{8.1}$$

w_i^0 是指归一化后的相对权重，即：

$$w_i^0 = \frac{w_i}{\sum_{i=1}^{n} w_i} \tag{8.2}$$

（四）计算 λ_{max} 及一致性指标 C.I.

判断矩阵需要进行一致性检验。一致性检验的重要指标 λ_{max} 及 CI 的计算公式分别为：

$$\lambda_{max} = \frac{1}{n} \sum_{i=1}^{n} \lambda_{mi} = \frac{1}{n} \sum_{i=1}^{n} \frac{\sum_{j=1}^{n} a_{ij} w_j}{w_i} \tag{8.3}$$

$$CI = \frac{\lambda_{max} - n}{n-1} \tag{8.4}$$

当 C.I.<0.1 时，则说明该判断矩阵符合一致性要求。

（五）综合重要度计算

在计算了各级要素对上一级的相对重要度以后，即可从最上级开始，自上而下地求出各级上各要素关于系统总体的综合重要度（也称为系统总体权重），其计算过程如下：

设 A 级有 m 个要素 $A_1, A_2, \cdots, A_i, \cdots, A_m$，它们关于系统总体的重要度分别为 $a_1, a_2, \cdots, a_i, \cdots, a_m$。A 级的下级 B 有 n 个要素 $B_1, B_2, \cdots, B_j, \cdots, B_m$，它们关于 A_i 的相对重要度 $b_i = (b_1^i, b_2^i, \cdots, b_j^i, \cdots, b_n^i)^T$，则 B 级的要素 B_j 的综合重要度为：

$$b_j = \sum_{i=1}^{m} a_i b_j^i, \quad j = 1 \sim n \qquad (8.5)$$

即某一级的综合重要度是以上一级要素的综合重要度为权重的相对重要度的加权和。

综合重要度计算公式表明，要计算某一级的综合重要度，必须先要知道其上一级的综合重要度。因而综合重要度总是由最高级开始，依次向下递推计算的。

层次分析法其基本步骤为：建立层次结构，构造比较判断矩阵，计算权向量以及检验一致性。

本书研究组已完成基于李克特主成分 D-S 理论的农业对外开放合作风险预警指标体系研究，该研究为了克服指标体系构建的主观性，通过对历史文献的指标进行频度分析构建初步的指标体系，进而通过调查问卷让两组不同的专家对指标进行打分，再李克特量表法和主成分分析法分别进行指标筛选，最后运用 D-S 理论对前两者方法筛选后的指标进行信息融合，从而得到相对科学合理的农业对外开放合作风险预警指标体系。

农业对外开放合作风险预警指标体系层次结构由二级构成，一级指标由政治风险 x_1、经济风险 x_2、社会文化风险 x_3、管理风险 x_4、突发事件风险 x_5 组成。"政治风险"二级指标由东道国政治稳定性 x_{11}、农业政策变动风险 x_{12}、农业保护主义风险 x_{13}、法律风险 x_{14} 与东道国的国际关系风险 x_{15} 组成；"经济风险"二级指标由经济增长率 x_{21}、通货膨胀风险 x_{22}、贸易壁垒风险 x_{23}、市场准入风险 x_{24}、汇率变动风险组成；二级指标"社会文化风险"由跨文化冲突风险 x_{31}、种族冲突风险 x_{32}、宗教冲突风险 x_{33}、劳动力资源风险 x_{34}、消费偏好差异风险 x_{35} 组成；二级指标"管理风险"由战略决策风险 x_{41}、资金管理风险 x_{42}、财务管理风险 x_{43}、组织结构风险 x_{44}、信息管理风险 x_{45} 组成；二级指标"突发事件风险"由战争内乱风险 x_{51}、自然灾害风险 x_{52}、突发重大公共卫生事件风险 x_{53}、社会安全风险 x_{54}、事故灾难风险 x_{55} 组成。

在 132 份调查问卷中，每份问卷的每一级指标间，每两个指标的比值假设为，即两两指标之间的相对重要程度。共有 $a_1, a_2, \cdots a_{132}$ 132 个比值，反之为 $\frac{1}{a_i}$ ，也为 132 个。则采用几何平均法得每两个指标相比一栏值为：

$$\sqrt[132]{a_1 \cdot a_2 \cdot \cdots \cdot a_{132}} \tag{8.6}$$

反之为：

$$\sqrt[132]{\frac{1}{a_1} \cdot \frac{1}{a_2} \cdot \cdots \cdot \frac{1}{a_{132}}} \tag{8.7}$$

农业对外开放合作风险防范体系由"政治风险、经济风险、社会文化风险、管理风险、突发事件风险"五个一级指标组成，由几何平均法公式（8.6）、公式（8.7）计算得一级指标判断矩阵见表 8-2。

表 8-2　一级指标判断矩阵

1.000 0	1.051 7	1.589 3	1.545 0	1.351 7
0.950 9	1.000 0	1.511 2	1.469 1	1.285 3
0.629 2	0.661 7	1.000 0	0.972 1	0.850 5
0.647 3	0.680 7	1.028 7	1.000 0	0.874 9
0.739 8	0.778 0	1.175 7	1.143 0	1.000 0

设原矩阵为 $\boldsymbol{A}^*$ ，归一化矩阵为 $\boldsymbol{A}^{*\prime}$ 。

矩阵归一化处理公式，

$$a_{ij}^{*\prime} = \frac{a_{ij}^*}{\sum_{j=1}^{m} a_{ji}^*}, i = 1,2,\cdots n; j = 1,2,\cdots m \tag{8.8}$$

将归一化矩阵后按行相加，得 $\overline{W}_i$ ，再对 $\overline{W} = (\overline{W}_1, \overline{W}_2, \cdots \overline{W}_n)^{\mathrm{T}}$ 归一化处理得矩阵的特征向量 W 为（0.252 1 0.239 7 0.158 6 0.163 2 0.186 5）^{T} 。

$$\lambda_{\max} = \sum_{i=1}^{n} \frac{(AW)_i}{nW_i} = 5 \tag{8.9}$$

$$CI = \frac{\lambda_{\max} - n}{n - 1} = 0 \qquad (8.10)$$

进行一致性检验。

$n = 5$ 时，$RI = 1.12$

$$CR = \frac{CI}{RI} = 0 < 0.1 \qquad (8.11)$$

通过一致性检验。

可得权重分配表，如表 8-3。

表 8-3 一级指标权重分配表

W_1	W_2	W_3	W_4	W_5
0.252 1	0.239 7	0.158 6	0.163 2	0.186 5

所以有一级指标权重 A = [0.252 1 0.239 7 0.158 6 0.163 2 0.186 5]。

同理可计算得"政治风险"二级指标、"经济风险"二级指标、"社会文化风险"二级指标、"管理风险"二级指标、"突发事件风险"二级指标判断矩阵表，通过指标判断矩阵，可计算特征向量，并通过一致性检验，可得相应的二级指标判断分配表以及权重。下面给出五个二级指标的权重计算结果。

（1）"政治风险"二级指标权重 A_1 = [0.246 7 0.188 1 0.191 0 0.224 6 0.149 6]；

（2）"经济风险"二级指标权重 A_2 = [0.174 4 0.205 0 0.200 7 0.227 2 0.192 8]；

（3）"社会文化风险"二级指标权重 A_3 = [0.198 1 0.198 1 0.202 2 0.202 3 0.199 2]；

（4）"管理风险"二级指标权重 A_4 = [0.241 2 0.213 0 0.196 0 0.178 9 0.170 8]；

（5）"突发事件风险"二级指标权重 A_5 = [0.209 6 0.219 8 0.227 5 0.176 0 0.167 1]。

三、模糊数学隶属度函数

模糊数学可运用隶属度函数处理不确定性的问题。农业对外开放合作风险指标分为负指标和正指标。负指标：数据越大，风险越小，数据越小，风险越大。正指标：数据越大，风险越高，数据越小，风险越小。下面给出"农业政策变动风险"正指标和"东道国政治风险稳定性"负指标的隶属度函数。

（一）"农业政策变动风险"正指标隶属度函数

低风险隶属度函数：

$$\mu_{12}^{(1)}(x) = \begin{cases} 1, & x < 0.5 \\ \dfrac{1.5 - x}{1}, & 0.5 < x \leqslant 1.5 \\ 0, & x > 1.5 \end{cases} \tag{8.12}$$

较低风险隶属度函数：

$$\mu_{12}^{(2)}(x) = \begin{cases} 0, & x < 0.5 \\ \dfrac{x - 0.5}{1}, & 0.5 < x \leqslant 1.5 \\ 1, & x = 1.5 \\ \dfrac{2.5 - x}{1}, & 1.5 < x \leqslant 2.5 \\ 0, & x > 2.5 \end{cases} \tag{8.13}$$

一般风险隶属度函数：

$$\mu_{12}^{(3)}(x) = \begin{cases} 0 & x \leqslant 1.5 \\ \dfrac{x - 1.5}{1} & 1.5 < x < 2.5 \\ 1 & x = 2.5 \\ \dfrac{3.5 - x}{1} & 2.5 < x \leqslant 3.5 \\ 0 & x > 3.5 \end{cases} \tag{8.14}$$

较高风险隶属度函数：

$$\mu_{12}^{(4)}(x) = \begin{cases} 0 & x \leqslant 2.5 \\ \dfrac{x-2.5}{1} & 2.5 < x < 3.5 \\ 1 & x = 3.5 \\ \dfrac{4.5-x}{1} & 3.5 < x \leqslant 4.5 \\ 0 & x > 4.5 \end{cases} \quad (8.15)$$

高风险隶属度函数：

$$\mu_{12}^{(5)}(x) = \begin{cases} 0 & x \leqslant 3.5 \\ \dfrac{x-3.5}{1} & 3.5 < x \leqslant 4.5 \\ 1 & x > 4.5 \end{cases} \quad (8.16)$$

正指标隶属度函数图如图 8-2 所示。

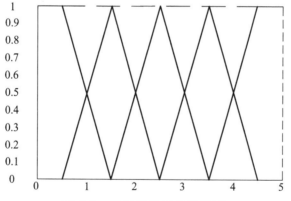

图 8-2　正指标隶属度函数图

（二）"东道国政治风险稳定性"负指标隶属度函数

高风险隶属度函数：

$$\mu_{11}^{(5)}(x) = \begin{cases} 0.01 & x \leqslant 0.01 \\ \dfrac{0.03-x}{0.02} & 0.01 < x \leqslant 0.03 \\ 0 & x > 0.03 \end{cases} \quad (8.17)$$

较高风险隶属度函数:

$$\mu_{11}^{(4)}(x) = \begin{cases} 0 & x < 0.01 \\ \dfrac{x - 0.01}{0.02} & 0.01 < x \leqslant 0.03 \\ \dfrac{0.05 - x}{0.02} & 0.03 < x \leqslant 0.05 \\ 0 & x > 0.05 \end{cases} \tag{8.18}$$

一般风险隶属度函数:

$$\mu_{11}^{(3)}(x) = \begin{cases} 0 & x \leqslant 0.03 \\ \dfrac{x - 0.03}{0.02} & 0.03 < x \leqslant 0.05 \\ \dfrac{0.07 - x}{0.02} & 0.05 < x \leqslant 0.07 \\ 0 & x > 0.07 \end{cases} \tag{8.19}$$

较低风险隶属度函数:

$$\mu_{11}^{(2)}(x) = \begin{cases} 0 & x \leqslant 0.05 \\ \dfrac{x - 0.05}{0.02} & 0.05 < x \leqslant 0.07 \\ \dfrac{0.09 - x}{0.02} & 0.07 < x \leqslant 0.09 \\ 0 & x > 0.09 \end{cases} \tag{8.20}$$

低风险隶属度函数:

$$\mu_{11}^{(1)}(x) = \begin{cases} 0 & x < 0.07 \\ \dfrac{x - 0.07}{0.02} & 0.07 \leqslant x < 0.09 \\ 1 & x > 0.09 \end{cases} \tag{8.21}$$

负指标隶属度函数图如图 8-3 所示。

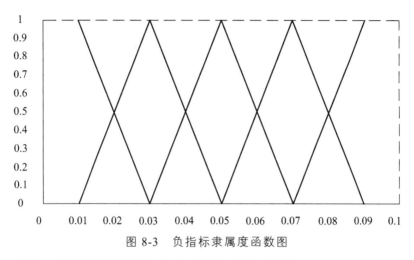

图 8-3　负指标隶属度函数图

同理，可以类似地给出其余指标的隶属度函数。

四、指标数据隶属度函数处理

指标数据隶属度函数处理见表 8-4。

表 8-4　指标数据隶属度函数处理表

一级指标	二级指标	指标值	隶属度
政治风险	东道国政治稳定性	3.742 4	（0，0，0，0.752 6，0.242 4）
	农业政策变动风险	2.893 9	（0，0，0.606 1，0.393 9，0）
	农业保护主义风险	2.939 4	（0，0，0.560 6，0.439 4，0）
	法律风险	2.409 1	（0，0.090 9，0.909 1，0，0）
	与东道国的国际关系风险	3.424 2	（0，0，0.075 8，0.924 2，0）
经济风险	经济增长率	4.7%	（0，0，0.85，0.15，0）
	通货膨胀风险	2.939 4	（0，0，0.560 6，0.439 4，0）
	贸易壁垒风险	3.363 6	（0，0，0.136 4，0.863 6，0）
	市场准入风险	2.954 5	（0，0，0.545 5，0.454 5，0）
	汇率变动风险	3.000 0	（0，0，0.5，0.5，0）
社会文化风险	跨文化冲突风险	2.431 8	（0，0.068 2，0.931 8，0，0）
	种族冲突风险	2.447 0	（0，0.053，0.947，0，0）

一级指标	二级指标	指标值	隶属度
社会文化风险	宗教冲突风险	2.500 0	（0，0，1，0，0）
	劳动力资源风险	2.484 8	（0，0.152，0.984 8，0，0）
	消费偏好差异风险	2.416 7	（0，0.083 3，0.916 7，0，0）
管理风险	战略决策风险	3.060 6	（0，0，0.439 4，0.560 6，0）
	资金管理风险	2.772 7	（0，0，0.727 3，0.272 7，0）
	财务管理风险	2.553 0	（0，0，0.947，0.053，0）
	组织结构风险	2.257 6	（0，0.242 4，0.757 6，0，0）
	信息管理风险	2.219 7	（0，0.280 3，0.719 7，0，0）
突发事件风险	战争内乱风险	3.121 2	（0，0，0.378 8，0.621 2，0）
	自然灾害风险	3.090 9	（0，0，0.409 1，0.590 9，0）
	突发重大公共卫生事件风险	3.181 8	（0，0，0.318 2，0.681 8，0）
	社会安全风险	2.560 6	（0，0，0.939 4，0.060 6，0）
	事故灾难风险	2.416 7	（0，0.083 3，0.916 7，0，0）

说明：数据来源于连云港 2019 年统计年鉴以及 132 专家调查的数据。

五、指标的隶属度确定

二级指标属于各预警集的隶属度为：

$$\boldsymbol{R}_1 = \begin{bmatrix} 0 & 0 & 0 & 0.752\,6 & 0.242\,4 \\ 0 & 0 & 0.606\,1 & 0.393\,9 & 0 \\ 0 & 0 & 0.560\,6 & 0.439\,4 & 0 \\ 0 & 0.090\,9 & 0.909\,1 & 0 & 0 \\ 0 & 0 & 0.075\,8 & 0.924\,2 & 0 \end{bmatrix}$$

$$\boldsymbol{R}_2 = \begin{bmatrix} 0 & 0 & 0.85 & 0.15 & 0 \\ 0 & 0 & 0.560\,6 & 0.439\,4 & 0 \\ 0 & 0 & 0.136\,4 & 0.863\,6 & 0 \\ 0 & 0 & 0.545\,5 & 0.454\,5 & 0 \\ 0 & 0 & 0.5 & 0.5 & 0 \end{bmatrix}$$

$$R_3 = \begin{bmatrix} 0 & 0.068\,2 & 0.931\,8 & 0 & 0 \\ 0 & 0.053 & 0.947 & 0 & 0 \\ 0 & 0 & 1 & 0 & 0 \\ 0 & 0.152 & 0.984\,8 & 0 & 0 \\ 0 & 0.083\,3 & 0.916\,7 & 0 & 0 \end{bmatrix}$$

$$R_4 = \begin{bmatrix} 0 & 0 & 0.439\,4 & 0.560\,6 & 0 \\ 0 & 0 & 0.727\,3 & 0.272\,7 & 0 \\ 0 & 0 & 0.947 & 0.053 & 0 \\ 0 & 0.242\,4 & 0.757\,6 & 0 & 0 \\ 0 & 0.280\,3 & 0.719\,7 & 0 & 0 \end{bmatrix}$$

$$R_5 = \begin{bmatrix} 0 & 0 & 0.378\,8 & 0.621\,2 & 0 \\ 0 & 0 & 0.409\,1 & 0.590\,9 & 0 \\ 0 & 0 & 0.318\,2 & 0.681\,8 & 0 \\ 0 & 0 & 0.939\,4 & 0.060\,6 & 0 \\ 0 & 0.083\,3 & 0.916\,7 & 0 & 0 \end{bmatrix}$$

计算计算二级模糊预警向量：

$$B_1 = A_1 \cdot R_1 = [0.246\,7 \quad 0.188\,1 \quad 0.191\,0 \quad 0.224\,6 \quad 0.149\,6]$$

$$\begin{bmatrix} 0 & 0 & 0 & 0.752\,6 & 0.242\,4 \\ 0 & 0 & 0.606\,1 & 0.393\,9 & 0 \\ 0 & 0 & 0.560\,6 & 0.439\,4 & 0 \\ 0 & 0.090\,9 & 0.909\,1 & 0 & 0 \\ 0 & 0 & 0.075\,8 & 0.924\,2 & 0 \end{bmatrix}$$

$$= [0 \quad 0.020\,4 \quad 0.436\,6 \quad 0.330\,1 \quad 0.059\,8]$$

$$B_2 = A_2 \cdot R_2 = [0.174\,4 \quad 0.205\,0 \quad 0.200\,7 \quad 0.227\,2 \quad 0.192\,8]$$

$$\begin{bmatrix} 0 & 0 & 0.85 & 0.15 & 0 \\ 0 & 0 & 0.560\,6 & 0.439\,4 & 0 \\ 0 & 0 & 0.136\,4 & 0.863\,6 & 0 \\ 0 & 0 & 0.545\,5 & 0.454\,5 & 0 \\ 0 & 0 & 0.5 & 0.5 & 0 \end{bmatrix}$$

$$= [0 \quad 0 \quad 0.510\,9 \quad 0.489\,2 \quad 0]$$

$$\boldsymbol{B}_3 = \boldsymbol{A}_3 \cdot \boldsymbol{R}_3 = \begin{bmatrix} 0.198\,1 & 0.198\,1 & 0.202\,2 & 0.202\,3 & 0.199\,2 \end{bmatrix}$$

$$\begin{bmatrix} 0 & 0.068\,2 & 0.931\,8 & 0 & 0 \\ 0 & 0.053 & 0.947 & 0 & 0 \\ 0 & 0 & 1 & 0 & 0 \\ 0 & 0.152 & 0.984\,8 & 0 & 0 \\ 0 & 0.083\,3 & 0.916\,7 & 0 & 0 \end{bmatrix}$$

$$= \begin{bmatrix} 0 & 0 & 0.071\,4 & 0.956\,2 & 0 \end{bmatrix}$$

$$\boldsymbol{B}_4 = \boldsymbol{A}_4 \cdot \boldsymbol{R}_4 = \begin{bmatrix} 0.241\,2 & 0.213\,0 & 0.196\,0 & 0.178\,9 & 0.170\,8 \end{bmatrix}$$

$$\begin{bmatrix} 0 & 0 & 0.439\,4 & 0.560\,6 & 0 \\ 0 & 0 & 0.727\,3 & 0.272\,7 & 0 \\ 0 & 0 & 0.947 & 0.053 & 0 \\ 0 & 0.242\,4 & 0.757\,6 & 0 & 0 \\ 0 & 0.280\,3 & 0.719\,7 & 0 & 0 \end{bmatrix}$$

$$= \begin{bmatrix} 0 & 0.091\,2 & 0.705\,0 & 0.203\,7 & 0 \end{bmatrix}$$

$$\boldsymbol{B}_5 = \boldsymbol{A}_5 \cdot \boldsymbol{R}_5 = \begin{bmatrix} 0.209\,6 & 0.219\,8 & 0.227\,5 & 0.176\,0 & 0.167\,1 \end{bmatrix}$$

$$\begin{bmatrix} 0 & 0 & 0.378\,8 & 0.621\,2 & 0 \\ 0 & 0 & 0.409\,1 & 0.590\,9 & 0 \\ 0 & 0 & 0.318\,2 & 0.681\,8 & 0 \\ 0 & 0 & 0.939\,4 & 0.060\,6 & 0 \\ 0 & 0.083\,3 & 0.916\,7 & 0 & 0 \end{bmatrix}$$

$$= \begin{bmatrix} 0 & 0.013\,9 & 0.560\,2 & 0.425\,9 & 0 \end{bmatrix}$$

所以得二级模糊预警向量：

$$\boldsymbol{R} = \begin{bmatrix} \boldsymbol{B}_1 \\ \boldsymbol{B}_2 \\ \boldsymbol{B}_3 \\ \boldsymbol{B}_4 \\ \boldsymbol{B}_5 \end{bmatrix} = \begin{bmatrix} 0 & 0.020\,4 & 0.436\,6 & 0.330\,1 & 0.059\,8 \\ 0 & 0 & 0.510\,9 & 0.489\,2 & 0 \\ 0 & 0 & 0.071\,4 & 0.956\,2 & 0 \\ 0 & 0.091\,2 & 0.705\,0 & 0.203\,7 & 0 \\ 0 & 0.013\,9 & 0.560\,2 & 0.425\,9 & 0 \end{bmatrix}$$

一级模糊预警向量：

$$B = A \cdot R = [0.252\,1 \quad 0.239\,7 \quad 0.158\,6 \quad 0.163\,2 \quad 0.186\,5]$$

$$\begin{bmatrix} 0 & 0.020\,4 & 0.436\,6 & 0.330\,1 & 0.059\,8 \\ 0 & 0 & 0.510\,9 & 0.489\,2 & 0 \\ 0 & 0 & 0.071\,4 & 0.956\,2 & 0 \\ 0 & 0.091\,2 & 0.705\,0 & 0.203\,7 & 0 \\ 0 & 0.013\,9 & 0.560\,2 & 0.425\,9 & 0 \end{bmatrix}$$

$$= [0 \quad 0.022\,6 \quad 0.463\,4 \quad 0.464\,8 \quad 0.015\,1]$$

六、神经网络训练训练

人工神经网络（Artificial Neural Network，ANN）是一门涉及数学、物理学、脑科学、心理学、认知科学、计算机科学、人工智能等学科的新兴交叉科学。它力图模拟人脑的一些基本特性，如自适应性、自组织性、高度并行性、鲁棒性和容错性等智能信息处理功能，对于正确描述非线性问题具有十分重要的实际意义。而且便于联想、概括、类比和推理，能够从大量的统计资料中分析提炼实用的统计规律，人们常常运用其很强的非线性处理能力来进行非线性系统建模。

BP 神经网络（Back Propagation NN）是一种误差反向传播多层神经网络，考虑到既满足精度要求，又提高学习效率，采用三层的 BP 网络，BP 网络采用误差反向传播学习算法（Error Back Propagation），简称 BP 算法。BP 神经网络输入层、隐含层及输出层的节点数分别为 n、p、q，作用函数为非线性的 Sigmoid 型函数，一般采用 $f(x) = 1/(1 + e^{-x})$，样本数为 m，输入模式向量为：$A^k = (a_1^k, a_2^k, \cdots, a_n^k)$，$k = 1, 2, \cdots, m$，对应输入模式的希望输出向量为：$Y^K = (y_1^k, y_2^k, \cdots, y_q^k)$，隐含层节点 j 的输出 b_j^k 为：

$$b_j^k = f(\sum_{i=1}^{n} w_{ij} a_i^k - \theta_j) , \quad i = 1, 2, \cdots n , \quad j = 1, 2, \cdots, p \qquad (8.22)$$

其中 w_{ij} 为输入层到隐含层的连接权，θ_j 为隐含层的阈值。对应的输出层节点 t 的输出 c_t^k 为：

$$c_t^k = f(\sum_{i=1}^{p} v_{jt} b_j^k - \gamma_t) , \quad t = 1, 2, \cdots, q \qquad (8.23)$$

其中 v_{jt} 为隐含层到输出层的连接权，γ_t 为输出层的阈值。根据实际输出 c_t^k 与希望输出模式 $Y^K = (y_1^k, y_2^k, \cdots, y_q^k)$，计算输出层各单元的一般化误差 d_t^k：

$$d_t^k = (y_t^k - c_t^k)，\quad t = 1, 2, \cdots, q \tag{8.24}$$

网络学习的目标是使误差函数 E_k 最小，E_k 的定义如下：

$$E_k = \sum_{t=1}^{q} (d_t^k)^2 / 2 \tag{8.25}$$

利用梯度下降的方法，求出 w_{ij}，θ_j，v_{jt}，r_t 的调整量：

$$
\begin{cases}
\Delta w_{ij} = \beta a_i^k [\sum_{t=1}^{q} d_t^k c_t^k (1 - c_t^k)] b_j^k (1 - b_j^k) \\
\Delta \theta_j = -\beta [\sum_{t=1}^{q} d_t^k c_t^k (1 - c_t^k)] b_j^k (1 - b_j^k) \\
\Delta v_{jt} = \alpha d_t^k b_j^k \\
\Delta \gamma_t = -\alpha d_t^k
\end{cases} \tag{8.26}
$$

其中：$k = 1, 2, \cdots, m$，$i = 1, 2, \cdots n$，$j = 1, 2, \cdots, p$，$t = 1, 2, \cdots, q$，α，β 为常量（系数）。其目的是对连接权 w_{ij} 和 v_{jt} 进行修正，使误差向反向传播。可以采用变系数的方法对连接权进行修正，以加快网络的收敛速度。

将一级模糊预警向量（0，0.022 6，0.463 4，0.464 8，0.015 1）作为神经网络的输入向量，BP 神经网络学习样本及期望输出表见表 8-5。

表 8-5　BP 神经网络学习样本及期望输出表

样本号	学习样本					风险预警期望输出				
	政治风险	经济风险	社会文化风险	管理风险	突发事件风险	风险高	风险较高	风险一般	风险较低	风险低
1	0.47	0.48	0.45	0.47	0.46	1	0	0	0	0
2	0.34	0.35	0.33	0.33	0.35	0	1	0	0	0
3	0.25	0.23	0.25	0.22	0.23	0	0	1	0	0
4	0.12	0.13	0.13	0.12	0.12	0	0	0	1	0
5	0.04	0.03	0.04	0.05	0.06	0	0	0	0	1

用该数据来进行 BP 神经网络训练，BP 神经网络的初始权值和阈值由 Matlab 工具箱中 rand 函数随机产生，控制误差为 0.000 01，网络的学习采用自适应学习速率梯度下降反向传播算法，加速网络的收敛速度。目标层向量（0，0.022 6，0.463 4，0.464 8，0.015 1）输入已训练好的神经网络预警模型。下面给出神经网络输出，如图 8-4 及表 8-6，按照实际输出与其期望输出的距离的大小决定其预警状态类别。

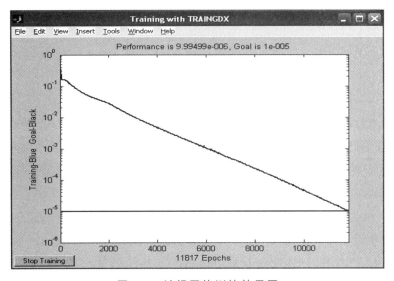

图 8-4　神经网络训练效果图

表 8-6　神经网络输出结果表

风险低	风险较低	风险一般	风险较高	风险高	结果
0.000 0	0.002 8	1.000 0	0.000 0	0.033 9	风险水平一般

第四节　讨　论

目前对农业对外合作风险预警的研究较少，本书综合运用层次分析法、模糊数学、神经网络模型对农业对外开放合作风险进行预警研究，该综合方法对风险预警是一种有益的尝试，具有一定的理论价值与现实意义。而农业对外合作风险指标的主观性数据，往往具有模糊性和不确定性，运用模糊数学方法进行隶属度定量处理，具有一定的科学性，运用层次分析法确定权重相对科学，农业对外合作风险指标涉及因素众多，呈现典型的非线性特征，所以运用神经网络非线性的处理能力对农业对外开放合作风险预警具有一定的科学性。但人工神经网络模型结果具有不确定性，通用性差，如何提高神经网络结果的相对稳定性还有待进一步研究。

第五节　结　语

针对目前农业对外开放合作风险预警研究较少状况，加之农业对外开放合作风险涉及政治、经济、社会文化、管理、突发事件等众多因素，是一个非常复杂的非线性系统工程，尝试运用层次分析法确定指标权重，用模糊数学对指标数据运用隶属度函数处理，再以一级模糊向量作为神经网络模型的输入，通过神经网络模型对农业对外开放合作风险进行预警。神经网络输出结果为（0.000 0　0.002 8　1.000 0　0.000 0　0.033 9），按照实际输出与其期望输出（见表 8-6）的距离的大小决定其状态类别，可见连云港农业对外合作风险级别为"风险一般"，但也要未雨绸缪，积极响应国家主席习近平提出共同建设"一带一路"的重大倡议，发挥连云港"一带一路"建设中重要支点作用，充分利用好连云港国家农业对外开放合作试验区平台，以及国家自贸试验区机遇，打造国际一流农业对外合作平台，完善农业对外投资促进和保护机制，在政策环境优化、高端人才引进、改革制度创新等方面做好文章，从而减少农业对外合作的风险，以实现农业对外合作跨越式发展。神经网络的非线性处理能力使农业对外开放合作风险预警更加科学化，通过实证研究表明该综合方法是一种行之有效的风险预警方法。

第九章　农业对外开放合作风险防范路径分析研究

从第八章"基于模糊神经网络模型的农业对外开放合作风险预警研究"可知，连云港农业对外合作风险级别为"风险一般"，但也要未雨绸缪，在"一带一路"倡议下，充分利用好重要机遇，从新制度经济学、农业产业集群、新农村建设可持续和谐发展、农业科技服务以及农业生态可持续发展等方面多视角、多方位地提出增强农业对外开放合作风险防范能力对策，以更好地实现农业对外开放合作。

第一节　基于新制度经济学的农业对外开放合作风险防范制度及路径分析

一、研究背景及研究意义

21 世纪中国加入 WTO 标志着中国产业对外开放进入了一个全新的阶段。近二十年来，中国在进出口贸易、对外投资以及外商投资等方面取得了丰硕的成果。2020 年，在新冠肺炎疫情的严重冲击下，全球经济增长放缓，而我国经济运行逐步改善，恢复常态，在全球经济体中一枝独秀，是唯一实现经济正增长的国家，国内生产总值仍然达 1 015 986亿元，其中货物和服务净出口拉动国内生产总值增长 0.7 个百分点。由此可见，对外经济合作为中国经济的腾飞做出了的贡献。据 2020 年国民经济和社会发展统计公报，全年货物进出口总额 321 557 亿元，比上年增长 1.9%。其中，出口 179 326 亿元，增长 4.0%；进口 142 231 亿元，下降 0.7%，货物进出口顺差 37 096 亿元，比上年增加 7 976 亿元。中国海关数据显示，2020 年农产品中第一类为活动物、动物产品；第二类为植物产品；第三类为动、植物油、脂及其分解产品、精制的食用油脂、动植物蜡；第四类为食品、饮料、酒及醋、烟草、烟草及烟草代用品的制品。由四类农产品数据计算得知，农产品进出口商品总值为 16 400 亿元，占进出口商品总值的 5.1%；农产品出口商品总值为 5 160 亿元，占出口商品总值的 2.88%；农产品进口商品总值为 11 240 亿元，占进口商品总值的 7.9%。据 2020 年国民经济和社会发展统计公报，2020 年全年外商直接投资新设立企业 38 570 家，比上年下降 5.7%。实际使用外商直接投资金额 10 000 亿元，增长 6.2%。其中：农、林、牧、渔业，外商直接投资企业 493 家，占全部全年外商直接投资新设立企业的 1.28%，企业数比上年减少 0.4%，实际使用金额 40 亿元，占全部外商直接投资金额的 0.4%，实际使用金额比上年增加 4.9%。2020 年全年对外非金融类直接投资额 1 101.5 亿美元，比上年下降 0.4%。其中：农、林、牧、渔业对外非金融类直接投资额 13.9 亿美元，比上年减少 9.7%，农、林、牧、渔业对外非金融类直接投资额占全年对外非金融类直接投资额的 1.26%。由此可见，中国在进出口贸易总额、货物进出口顺差，以及外商投资、对外投资等方面取得了一定的成效。其中，农业农产品进出口总值占全部进出口商品总值比重、农林牧渔业外商直接投资金额占全部外商投资金额比重以及农林牧渔业对外非金融类直接投资额占全年对外非金融类直接投资额比重都非常低，分别为 4.75%、0.4% 和 1.39%，这充分说明农业对外合作还存在一些问题，如农业制度还不完善、农业对外合作信息较难把握、投资农业科研成果产权不够明晰、农业对外合作还存在一定的风险等，所以如何有效地完善对外开放制度、把握农业对外合作信息、明确投资农业科研成果产权、提高进出口贸易总额、加大外商投资力度、找准对外投资方向、降低农业对外合作风险等，就成为了农业对外合作重点解决的问题。

目前，很多学者对农业对外合作进行了广泛的研究，据中国知网 2020 年 7 月查询，进行"农业对外合作"研究的文献 264 篇。其中，茹蕾等（2017 年）、郭昕（2018 年）、张国梅等（2020 年）学者主要从农业"走出去"角度提出农业对外投资合作的建议；钟钰等（2016 年）、杨光等（2019 年）学者主要从"农业对外投资"角度分析农业对外投资的形势，加强农业对外投资，提出相关建议等；杨易等（2012 年）、白睿等（2016 年）学者主要从"政策"角度推进中国对外农业合作的进程。以上学者大多是分析当前中国农业国际合作所面临的主要问题，并有针对性地提出相应的建议，为开创中国农业国际合作新局面起到了积极的促进作用，但农业对外合作往往存在一定的风险，对农业对外合作风险防范的文献研究相对较少，农业对外合作往往涉及制度、交易、产权等多个方面，它们是新制度经济学的核心内容，因此本书尝试运用新制度经济学的相关理论对农业对外开放合作风险防范进行研究，探讨农业对外开放合作风险防范制度及发展路径，这对提升农业对外开放合作风险抵抗能力、推动农业对外开放合作高质可持续发展具有一定的现实意义。

二、中国农业对外开放合作风险新制度经济学分析

新制度经济学是科斯、诺思、威廉姆斯、阿尔钦及德姆塞茨等人应用新古典经济学的理论和方法分析制度的构成和运行而建立起来的一门学科，以发现制度在经济体系运行中的地位和作用。随着农业对外开放合作的不断深入，农业对外开放合作过程中面临的政治风险、市场风险、贸易壁垒风险等问题着逐步突显出来，面对风险如做不好未雨绸缪，这势必影响到农业对外开放合作的进程。所以尝试运用新制度经济学的制度变迁理论、交易费用理论、产权理论进行农业对外开放合作风险进行分析，进而对农业对外开放合作风险防范制度及路径进行有益的探索。

（一）基于制度变迁理论的经济学分析

美国经济学家诺斯认为，对经济发展起决定作用的是制度因素。制度是指一套社会规定的相关行为模式。农业对外开放合作制度涉及的政策法规主要在农业对外投资以及农产品对外贸易等方面。

中国对外投资的政策法规主要有外经贸合发〔2002〕101 号《对外贸易经济合作部关于印发〈关于成立境外中资企业商会（协会）的暂行规定〉的通知》、2008 年的《商务部 外交部 国资委关于进一步规范我国企业对外投资合作的通知》、2009 年的《财政部 国家税务总局 关于企业境外所得税收抵免有关问题的通知》、2013 年的《商务部 国家开发银行关于支持境外经济贸易合作区建设发展有关问题的通知》、2014 年的《商务部令 2014 年第 3 号〈境外投资管理办法〉》、2018 年的《发改委、商务部等 28 部门关于加强对外经济合作领域信用体系建设的指导意见》、2019 年的《商务部办公厅关于印发〈对外投资备案（核准）报告实施规程〉的通知》等。这些对外投资政策法规为中国企业境外投资起到保驾护航的作用，但在宏观指导、调节、监督、扶持等还明显存在不足，如政府职能转变不到位、外汇管理过严、审批渠道不畅、融资困难、人才缺乏等。农业对外开放合作过程中，将制度供求置于均衡分析框架中，农业对外投资实现不同国家（地区）资本的流动增值，从而实现不同国家（地区）之间的合作共赢。假设一国（或地区）具有较高的资本、另一国（或地区）具有较低的资本，这势必会造成资本的流动，即资本对外投资，资本输出国资本要素禀赋会在资本流动中获取更好的收益，资本输入国由于资本输出国的资本投入，会造成输入国劳动资源等要素的增值，在农业对外开放合作配置中必然存在"帕累托效应"，即在不同国家（地区）之间农业对外投资需求与供给资源配置状态下，任何改变都不能使至少一个国家（地区）的利益增加而又不使任何国家（地区）的利益受损，从而达到"帕累托最优状态"，从而实现资本输出国、资本输入国要素禀赋的合理配置。所以制度要围绕农业对外合作所带来的经济增长动态反应而发生的制度变迁，改变那些不适应农业对外投资的政策法规，积极倡导适应农业对外开放合作的创新制度，通过对金融、税收、人才等制度和规范体系进行变革，以实现组织形态、运行机制的再造和合作要素的有效组合，以有效预防不同国家（地区）之间农业对外开放合作的风险。

（二）基于交易费用理论的经济学分析

新制度经济学主要集中在经济因果因素，如交易费用。交易费用概念由科斯于 1937 年提出，并成为新制度经济学的核心范畴，从 20 世纪 70 年代开始，交易费用理论不但被频繁应用到各种经济问题分析，同时也被大量应用到企业理论和制度分析中。交易费用的构成主要包括搜寻信息、达成合同、签订合同、监督合同履行和违约后寻求赔偿的费用，交易费用认为稀缺的交易活动需要付出成本，交易费用是可以测量的，企业的存在就是为了节约市场交易费用。所以降低交易费用成为农业对外合作风险的一个关键因素。

在农业对外合作过程中，由于对投资或贸易国家（地区）的制度了解不够，国外农业投资或贸易市场的信息不对称等因素，这势必对增长农业对外合作的成本，从而增长农业对外合作的风险。作为农业对外合作的企业在对外对投资或贸易国家（地区）的合作企业的生产技术、生产效益、管理制度、资金实力以及产品特点等信息不完全了解，需要花费大量的时间、人力和财力去搜寻相关的信息。在图 9-1 中，成本交易高低受到农业对外合作的经营主体的企业实力，即企业对外投资或贸易的人力、物力、财力等因素的影响，如通晓国际贸易理论以及投资相关的关税、税收、外汇、土地、劳工政策的人才，全面掌握东道主国家的政策、法律、投资环境等，则在搜集信息过程中，花费较低的成本，所以作为低搜寻成本的企业来说，在投资或贸易东道主国的单位合作产品收益减少不太明显的情况下，也会势必导致到不少投资或贸易方的减少，反之，如果在投资或贸易东道主国的单位合作产品收益稍许增加，就会吸引更多的投资或贸易方。所以在这种低成本交易情况下，图 9-1 中供给曲线 S 相对比较平坦，这也意味着与之关联的合作边际费用曲线 CME

也相对比较平坦，反之，高成本交易情况下，供给曲线 S、合作边际费用曲线 CME 则较为陡峭。

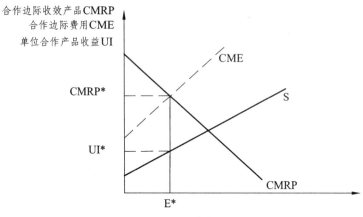

图 9-1　交易成本模型

（三）基于产权理论的经济学分析

产权理论是新制度经济学的主要内容之一，1937 年科斯发表的《企业的性质》一文被公认为是西方产权理论的开山之作。产权主要指财产权或财产权利，以产权为依托，对财产关系进行组合、调整的制度，即产权制度，有关产权及产权制度的理论就是产权理论。西方产权经济学的实质，是要抓住制度与效率之间的内在联系，做好产权制度安排安排，达到产权效率支配状态最优。

随着中国农业对外合作的不断深化，知识产权与对外合作已密不可分，中国在致力实现由经贸大国向经贸强国转变的过程中，对外经贸发展屡遭国际知识产权壁垒的阻击，遇到的最大障碍之一则是知识产权问题。据 2019 年国民经济和社会发展统计公报，中国对外贸易发展迅猛，货物进出口顺差 29 180 亿元，比 2018 年增加 5 932 亿元。一直以来，西方一些国家将中国对知识产权保护不力作为贸易逆差的借口和理由，随着中国对外贸易的快速发展，中国企业遭遇到西方国家的知识产权纠纷会越来越多，所以做好对知识产权的保护，化解农业对外合作危机，提高合作风险预警意义重大。

知识产权是指对法人、公民等基于他们的智力劳动创造的成果所赋予的所有权，而农业知识产权就是人们在农业领域创造出来的智力成果及相关权利，主要包括涉农的商标权、农业专利权、农产品地理标志权、植物新品种权等。20 世纪 60 年代以来，随着农业生物技术的快速发展以及国际农业贸易规模的扩大，为协调各国利益，国际农业知识产权公约相继出台，如《国际植物新品种保护公约》《粮食与农业遗传资源、国际公约》《与贸易有关的知识产权协议》等，国际公约加强了对农业知识产权的保护，促进了各国农业知识产权的立法进程。

中国现有农业知识产权类别管理模式，存在农业知识产权服务体系被人为分割、协同沟通与合作机制不完善、不健全等问题。所以中国在农业对外合作的知识产权方面，还需做好以下几方面工作：一是要把农业知识产权战略上升成为国家战略，农业知识产权制度已成为保障农业科技进步、农业对外合作的基础性法律制度；二是作为世界第二大经济体的中国，要在国际农业知识产权公约的制定、遵守等方面积极参与，增强自己的话语权；三是要做到学习借鉴西方先进农业知识产权理论及其经验；四是政府进行职能优化改革，可在农业农村部设立管理农业知识产权管理部门，有利于加强对农业知识产权管理；五是要进一步完善农业产品权的相关法律法规政策，使农业技术转让权利、服务权利、承包权利、咨询权利等得到国家的法律保护，从而有效地做好对农业知识产权的保护，在农业对外合作过程中，农业企业利益得到保障，减少农业对外合作的风险。

三、农业对外开放合作风险防范制度路径探析

（一）转变政府职能，推动高质发展

习近平总书记在 2013 年《在党的十八届二中全会第二次全体会议上的讲话》中指出，进一步改革政府机构、转变政府职能，不仅是提高政府效能的必然要求，也是增强社会发展活力的必然要求。近年来，政府部门落实以近年来中央 1 号文件农业对外合作战略部署，积极推进农业

对外合作，建立健全农业对外合作运营管理与服务机制、风险防控体系，都离不开政府宏观调控、市场监督以及政策干预等。

一是在农产品对外贸易方面，农业对外贸易涉及市场监督管理部门、技术监督部门、商务部门、海关部门、检验检疫部门、外汇管理部门、税务部门等部门。贸易出口手续繁杂，涉及部门众多，作为政府部门，要为农业对外开放合作打造覆盖海关、税务、外汇管理、商务、物流、金融全过程一体化的集成创新平台机制。政府要充分利用现代化信息技术，打通跨境电商出口货运渠道，持续推动更深层次的制度创新。

二是在农业吸引外资和对外投资政策方面，相关部门一方面在国际上，要积极推进多边投资协定谈判，为国际投资者提供一个透明、稳定和可预见的政策环境，从而提高在国际经济中的主动权、发言权。另一方面，在国内，要创建良好的投资环境，健全司法制度、产权制度、税收制度等农业对外开放合作环境，充分利用国家自贸试验区以及农外发〔2017〕3号文件中的境外农业合作示范区、农业对外开放合作试验区作为示范，建立健全投资促进保护机制、风险防控体系，在政策、资金等环境方面给予大力支持，为农业对外合作开放提供重要的支撑条件，进而推动农业对外合作开放合作高质可持续发展。

（二）制定人才政策，打造人力引领

习近平主席在党第十九大报告中指出人才是实现民族振兴、赢得国际竞争主动的战略资源。可以说人才问题关系民族复兴，关乎党的事业兴衰成败，农业对外开放合作更离不开高层次人才。

一是对外贸易高层次人才，既要精通国际贸易理论，又要通晓东道主国家的、法律法规、政策投资环境。当前国有外贸企业作为企业国际化的先行者，其人才管理面临转型和创新，特别是加入WTO以后，国有外贸企业面临前所未有的竞争，人才流失严重，要想在未来的农业对外竞争中占有一席之地，务必对国有外贸企业的人才机制进行改革，营造良好的人才竞争氛围，提供良好的人才待遇，重塑良好的人才职业阶梯。而民营企业的用人机制比较灵活，但往往经营规模较小，国际市场竞争力较弱，抵抗风险的能力也小，所以政府在人才政策制定方面可对民营企业有适当的倾斜，以加快民营企业抵抗风险的能力。

二是农业科技高层次人才，农业对外投资企业要实现科技创新和成果转化升级，离不开农业产业发展的高层次人才主力军。通过人才引进和激励办法，引进高层次人才。特别是在生物新品种培育、干细胞技术、基因转基因技术、基因数字农业技术等前沿技术方面加大人才引进和培养的投资力度。另外还要提高农业对外投资企业的科技创新成果推广能力，对从事基层的农业科技推广应用的科技工作者，要改善和提高农业科技推广人员的待遇，创造良好的工作生活学习环境。在人才引进手续、签证办理、人才居留、激励机制等方面为高层次人才提供支持，从而汇聚农业人力资源，实现农业对外合作跨越式发展。

（三）改革制度创新，提高合作效率

美国经济学家道格拉斯·诺思认为，对经济发展起决定作用的是制度因素。兰斯·戴维斯指出制度创新是对现有制度的改革，是一种能够使创新者获得超额收益的行为。农业对外合作还需在立法、政府职能转变、税收政策、中介服务机构等方面进行制度创新。

首先，针对某些领域尚未出台政策法规，要即时加强立法工作，保障对外投资贸易企业的合法权益，加快建立与国际规则接轨的投资管理体制机制，形成与国际规则相衔接的基本制度框架。其次，针对政府对微观经济运行干预过多过细、宏观经济调节不完善等情况，要转变政府职能，简政放权，做好政府对整个投资贸易宏观市场的调控，解决相关职能重叠、沟通缺乏等问题，进一步健全市场化服务机制，应充分依靠市场手段进行调节，实现农业对外合作资源的合理配置。再次，在税收政策方面，作为东道主国家（地区），应该加大投资贸易环境建设，制定吸引外商投资良好的税收政策，在有条件的自贸区，在境外所得税、股权激励个人所得税、融资租赁税、内销税、进口税等税收政策方面给予优惠，还要对竞争力较弱的中小型对外投资贸易企业进行扶持、奖励和补贴等。最后，建立农业对外合作专业化中介服务机构。一是要建立农业对外贸易代理机构。农业对外贸易中，涉及货物报关、交接、仓储、调拨、检验、包装、转运、订舱等业务，手续繁杂，结算、集运、仓储、集装箱运输、货物包装和装卸、责任保险等方面也都需要很强的专门知识，可以说进出口业务非常复杂。特别是对于中小型对外贸易企业来说，会造成贸易成本过高，对农业对外贸易造成一定的风险，所以特别需要专业性国际货运代理服务机构来代理相关业务，为托运人、海关、承运人、班轮公司、航空公司等部门提供服务，可以说农业对外贸易代理机构在国际贸易程序简化、运输协调、为对外贸易提供咨询等能起到积极的作用。二是设立农业对外投资专业化中介服务组织。农业对外投资存在一定的风险，投资成功与否，很大程度上取决于有无良好的中介机构参与实施。农业对外投资涉及政治风险、经济风险、运营风险、技术转移风险、法律风险、文化风险等，迫切需要通晓投资国家的制度环境、政策环境、市场环境、劳动制度、产业状况等的投资专业化中介服务组织，中介组织在东道国投资环境分析、投资咨询、安全风险评估等方面为农业对外投资提供良好的平台，使农业对外投资得到重要保障。通过设立农业对外合作专业化中介服务机构，提高农业对外开放合作的效率，从而开创农业对外开放合作崭新的局面。

四、小　结

随着中国农业产业对外开放的不断推进，农业对外开放合作在进出口贸易、对外投资等方面取得了一定的成效，但同时也存在一定的风险。运用新制度经济学的制度变迁理论、交易费用理论、产权理论对农业对外开放合作风险进行经济学分析，并从转变政府职能、制定人才政策和改革制度创新等方面探讨农业对外开放合作风险防范路径，对提升农业对外开放合作风险抵抗能力、推动农业对外开放合作高质可持续发展具有一定的现实意义。

第二节　基于农业产业集群视角的农业对外开放合作风险防范策略研究

一、背景及研究意义

连云港市农业发展有相对比较好的基础，《江苏沿海地区发展规划》让连云港市的发展进入了国家战略发展层面，"一带一路"交汇点、国家首批农业对外开放合作试验区、国家自贸试验区等，为连云港农业产业的发展带来了巨大的发展机遇。目前，连云港农业产业正处于经济转型时期，要通过对连云港农业产业集群模式的分析研究，推进农业产业集群化健康发展，提高农产品竞争力，加快农业科技成果转化，促使农业产业技术升级，发挥农业产业集群优势作用，解决农业产业集群发展中出现的问题，促进农业的现代化进程，推动连云港市农业产业全面可持续发展，提高连云港农业产业集群的发展水平，从而增强抵御农业对外开放合作风险能力。

二、连云港农业产业集群模式

据 2020 年连云港统计年鉴，2019 年连云港市地区生产总值实现 3 139.29 亿元，其中，农林牧渔业总产值 656.90 亿元，可比价计算增长 3.6%，全市粮食作物播种面积为 758.84 万亩[①]，比上年微增 0.18 万亩，增长 0.02%。粮食总产量 366.56 万吨，增长 0.7%。棉花、油料产量增幅均在 20%以上。高效设施农业占比提高到 20.9%。新增国家级农业龙头企业 2 家、省级农业龙头企业 9 家，创历年新高。2020 年连云港国家级农业龙头企业已达 4 家、省级农业龙头企业已达 58 家。目前已初步形成海产品养殖加工销售集群、食品加工产业集群、牧业产业集群、粮食加

---

① 注：1 亩 ≈ 66.67 平方米。

工产业集群、蔬菜类加工产业集群、木业产业集群等，主要形成"公司＋基地＋农户"模式、"公司＋基地＋合作组织＋农户"模式、"公司＋基地＋合作组织＋市场＋农户"模式、"龙头企业＋科研院所＋农户"模式、"政府＋龙头企业＋基地"模式等农业产业集群模式。

（一）"公司＋基地＋农户"模式

农业生产基地是由农户、政府和市场为主体，为提高农民组织化程度与农业生产效率，根据比较优势，在适宜区域，利用科学生产、规模化经营从事相关农业初级产品生产，发展区域主导产业的农业组织形式。目前连云港农业产业"公司＋基地＋农户"集群模式主要有蔬菜产业集群模式、畜牧产业集群模式、粮油产业集群模式。

1. "公司＋基地＋农户"蔬菜产业集群模式

以连云港国盛生物科技有限公司、连云港顺福实业有限公司、连云港每日食品有限公司、连云港新星食品有限公司等企业为代表形成蔬菜产业产业集群，采用"公司＋基地＋农户"生产经营模式，建立公司的生产基地，与农户签订合作协议，带动蔬菜生产农户共同致富。

2. "公司＋基地＋农户"畜牧产业集群模式

以连云港锡云奶牛养殖有限公司、江苏天兆实业有限公司、连云港双宇肉制品有限公司等企业为代表形成发畜牧产业产业集群，采用"公司＋基地＋农户"生产经营模式，与养殖农户签订购销合同，稳定产销关系，杜绝了供应风险，带动畜牧养殖业的快速发展。

3. "公司＋基地＋农户"粮油产业集群模式

以连云港健康粮油有限公司、东海县世林食品有限公司、赣榆县全顺冷藏食品有限公司、灌南县东明粮食加工厂等企业为代表形成粮油产业集群模式，采用"公司＋基地＋农户"生产经营模式，与农户签订种植协议，采用订单收购，公司与农户结成利益共同体。

（二）"公司＋基地＋合作组织＋农户"模式

创新企业、协会、农户联结机制，推动产加销一体化经营，可以妥善解决企业、协会、农户利益脱节的问题，是农业产业集群发展的一种新的模式，即"公司＋基地＋合作组织＋农户"模式。目前连云港农业产业"公司＋基地＋合作组织＋农户"集群模式主要有蔬果产业集群模式、畜牧产业集群模式、水产养殖产业集群模式。

1. "公司＋基地＋合作组织＋农户"蔬果产业集群模式

以灌云芦蒿、杨集苔蒜、灌云城东现代农业产业园的蔬菜产业、葡萄产业、草莓产业、果蔬产业，灌南现代农业园区的纯白金针菇、杏鲍菇、海鲜菇、花园秀珍菇、新港大道双孢菇、李集林套茶树菇、三口白玉菇等产业为代表形成蔬果产业产业集群，采用"公司＋基地＋合作组织＋农户"集群生产经营模式。例如灌云芦蒿生产基地主要位于灌云的陡沟乡、龙苴镇。成立了一条岭芦蒿专业合作社、惠农芦蒿专业合作社、绿健蔬菜专业经济合作社等一批农民经济合作组织，以实现规模化种植、产业化经营。

2. "公司＋基地＋合作组织＋农户"畜牧产业集群模式

以连云港兴塔禽业有限公司、江苏马陵山畜禽生态养殖有限公司、江苏省绿中业农业科技有限公司等企业为代表形成畜牧产业产业集群，采用"公司＋基地＋合作组织＋农户"生产经营模式。采用统一培训，统一发放幼苗，统一收购、统一销售战略，取得了良好的经济效益和社会效益。

3. "公司＋基地＋合作组织＋农户"水产养殖产业集群模式

以灌南县虾蟹生态养殖示范园、连云港市香河高效渔业示范园、罗阳现代渔业、海头现代渔业养殖、连云港紫菜、新安虾蟹生态养殖等为代表形成水产养殖产业集群，采用"公司＋基地＋合作组织＋农户"生产经营模式。通过成立水产协会或农民专业合作社，引进新品种，新技术，实现养殖与市场对接，增强市场竞争能力。

（三）"公司＋基地＋合作社＋市场＋农户"模式

哈耶克认为，市场秩序是自发秩序，是社会成员在遵守共同的一般行为规则时回应其具体环境的结果，能够更好地运用广为分散的实践性知识。农业产业集群的发展要以市场为依托，以农产品加工为主线，一方面向市场延伸，一方面向生产基地延伸，形成以市场为载体的种植、养殖、加工、储存、运输、销售为一体化的现代农业产业集群经营模式。"公司＋基地＋合作社＋市场＋农户"模式以黄川草莓和灌云花卉苗木产业为代表。

1. 黄川草莓"公司＋基地＋合作社＋市场＋农户"模式

东海县黄川生态草莓示范园位于东海县黄川镇，该镇以草莓种植而闻名全国，被誉为"中国草莓第一镇"。

黄川镇草莓产业经过三十多年的发展，已经形成了以新沭、桃李等村为中心的草莓经济带。园区定位为草莓科技生态园，集生态采摘、科技研发、科普推广、旅游观光为一体的综合农业示范园区。以桃花涧有限公司为投资融资平台，草莓深加工企业实行自主经营，市场化运作，自负盈亏的经营模式，形成了"公司＋基地＋合作社＋市场＋农户"产业链，成为带动当地农民发家致富的主导产业。

2. 灌云花卉苗木"公司＋基地＋合作社＋市场＋农户"模式

灌云花卉苗木生产基地主要位于南岗镇、东王集镇、伊山镇和下车镇，品种主要有雪松、香樟、女贞、紫薇等。基地采用"公司＋基地＋合作社＋市场＋农户"经营模式，以市场需求为导向，进行苗木新品种开发、苗木生长管理、苗木市场开拓等。

（四）"龙头企业＋科研院所＋农户"模式

农业产业依靠科技走兴企之路，与科研院所建立产、学、研合作关系，是农业产业发展取得快速发展的根本保障。"龙头企业＋科研院所＋农户"模式以榆城集团、利昂实业和双店鲜切花产业为代表。

1. 榆城集团的"龙头企业＋科研院所＋农户"模式

江苏榆城集团有限公司是一家集育苗、养殖、冷冻、加工为一体的农业产业化国家重点龙头企业，做强优势特色水产品冷藏—加工—销售的链式开发体系。该集团与中国科学院海洋所、江苏省海洋研究所、水科院黄海所等科研院所合作国家、省级科技项目，探索出一条科技兴企的成功之路。与农户形成"利益均沾、风险共担"的利益共同体，为农民提供技术指导与销售服务，带动农民一起致富。

2. 利昂实业的"龙头企业＋科研院所＋农户"模式

江苏利昂实业有限公司是农业产业化经营国家重点龙头企业。该公司相继成立了兴云生态农业、兴云鹅业、兴云科技超市、花果山鹅业食品等子公司。组建鹅业、蔬菜、豆丹、农机、金阳光专业合作社。该公司注重科技开发，坚持走产学研相结合的发展道路，与南京农业大学、江苏省农业科学院建立良好的合作关系，省级科技立项达 11 项之多。

3. 双店鲜切花产业的"龙头企业＋科研院所＋农户"模式

东海县双店镇位于县城西部，2009 年 4 月就被江苏省农林厅授予鲜切花基地"江苏省鲜切花产业基地"。园区年产百合、郁金香、扶郎、玫瑰、菊花等。园区技术依托中国农业科学院、南京农业大学等科研院所，进行新技术、新品种的引进，通过科研院所提供的技术平台，实现鲜切花产业跨越式以展。

（五）"政府＋龙头企业＋基地"模式

因为农业产业集群化的发展要面临国际、国内及企业的内外部环境的变化及市场的风险考验，所以政府的引导与项目政策的扶持是农业产业集群化发展的重要影响因素。政府通过政策、项目、财税等手段扶持农业产业集群的发展。"政府＋龙头企业＋基地"模式以连云港现代农业科技示范园区和江苏连云港花果山出口蔬菜示范区为代表。

1. 连云港现代农业科技示范园区的"龙头企业＋基地＋政府"模式

连云港现代农业科技示范园是以花卉种苗种球生产、现代农业、高效农业为主的花卉产业特色综合性科技示范园区，主营蝴蝶兰、郁金香、百合、非洲菊、切花菊等高档花卉的研发、生产与销售业务。园区按照"政府引导、企业主体、市场化运作"原则进行组织管理和经营运作，深化"政府＋龙头企业＋基地"产业化运作机制，设立园区管委会，负责园区建设的领导工作，政策协调和项目管理。

2. 江苏连云港花果山出口蔬菜示范区的"龙头企业＋基地＋政府"模式

江苏连云港花果山出口蔬菜示范区由种苗基地、设施农业基地、水生蔬菜基地、水生花卉基地、蔬菜试验科研基地、农产品加工区等几大功能区组成。园区按照"龙头企业＋基地＋政府"模式运作，成立示范区管理委员会，实现目标管理与负责人问责制度，明确各级职责，形成政府引导、自己完善的良性发展机制。

三、连云港农业产业集群模式分析

（一）连云港农业产业集群效应分析

农业产业集群作为以第一产业为契机促进第二产业和第三产业共同发展的网络集合体，是依赖并服务于某一农产品市场，由农户（生产基地）、农业加工企业及相关产业企业和支撑服务机构间通过分工合作，于某一区域结网而成的学习创新性组织，可以有效地促进劳动力分工，在解决信息不对称问题方面也有关键作用，并且可以提高农业生产的收益，作为优化农业生产布局和提升农产品竞争力的一种新型农业发展方式，对我国"建设现代农业、加快转变农业发展方式"具有重要意义。由集群机理决定的农业产业集群效应表现为农业产业集群创造竞争优势、农产品的市场识别和区域经济增长"乘数效应"等。目前，连云港农业产业集群的发展以"农户＋龙头企业＋生产基地＋合作组织"为核心，以优势农业特色产业为载体，充分利用连云港光、热、水、土地资源较为丰富、南北过渡气候等条件，大力培育兼具南北特性的农业产业体系。还充分利用产业集群的竞争优势，大力发展农民经济合作组织（商会、协会）等，从而降低农业产业交易成本、运输成本等。当地政府政策也对连云港农业产业的发展进行扶持与引导，特别是认真落实强农惠农政策，发放粮食等政策性补助资金，吸引更多的农业产业进一步发展与集聚。相关部门在财政方面安排一定的资金，用于扶持专业协会组织和农业龙头企业的发展，积极营造良好的农业产业发展环境和提供良好的服务。农业产业的集聚使农业产业能面对市场环境的变化，提高了农业产业抵御市场环境的风险力度。农业产业生产要素的优化配置得到了进一步的优化，使资源发挥了最佳的效益。同时，农业产业集群发展还注重关联产业的发展，形成了与农业产业相关的一体化产业链，以实现农业济的"乘数效应"。

（二）连云港农业产业集群模式要素模型

目前连云港农业产业集群发展模式有"公司＋基地＋农户"模式、"公司＋基地＋合作组织＋农户"模式、"公司＋基地＋合作组织＋市场＋农户"模式、"龙头企业＋科研院所＋农户"模式、"政府＋龙头企业＋基地"模式五大类，以龙头企业（公司）、农业生产基地、农业经济合作组织、农业产业市场、农业科研院所、政府和农户等为农业产业集群发展主体，农业产业集群发展基础以"农户＋龙头企业＋生产基地＋合作组织"为核心，涉及农业生产要素、政府政策、市场环境、关联产业等相关因素。根据目前连云港农业产业集群发展现状及运行机理，结合相关研究成果，构建连云港农业产业集群模式要素模型如图9-2所示：

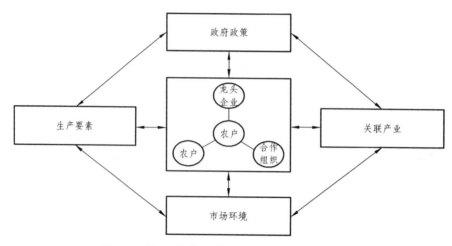

图 9-2   连云港农业产业集群模式要素模型图

（三）连云港农业产业集群发展存在的不足之处

1. 农业产业集群集聚度较低

目前连云港龙头企业规模还不够大,农业经济合作组织还不够成熟,与农户之间利益还不够紧密,农业产业化经营还有待加强,抵御市场的风险能力相对较弱,农业产业链有待进一步延长。总体说来,农业产业集群集聚度较低。

2. 农业专业化水平依然较低

连云港的农业特色产业在农业产业中占有重要的地位,例如双店的鲜切花、黄川的草莓、谢湖的樱桃、陡沟的芦蒿、百禄的香菇、云台山的云雾茶等还对农民增产、增收起到了示范带动作用。但农户种植量相对较低,还没有完全形成专业化水平,还无法支撑起农业产业集群的快速发展。

3. 技术创新能力较低

目前连云港农业龙头企业技术能力较强的企业:赣榆县德兴海洋食品有限公司对海产品进行深加工出口,连云港富裕食品有限公司拥有三条农产品精加工生产线,连云港国盛生物科技有限公司采用国际先进的杏鲍菇生产技术，达到生产自动化、控制智能、工艺标准化水平。但大多数农业企业还处于技术和设备落后、农产品加工层次较低水平，科技含量和农业信息化程度较低。可以说没有技术创新能力，没有农业信息化的支撑，农业产业就不可能有活力，也无法为农业产业集群的发展提供永久的动力。

4.农业经济合作组织相对较少

农业经济合作组织有利于降低农产品的交易费用，可以为农业产业集群发展提供组织基础。目前，连云港市农业合作经济组织主要有东海县黄川的草莓专业合作社，灌南县灌河半岛的兴农辣椒合作社，灌云县的光岗花卉合作社，赣榆罗阳现代渔业水产协会等，为农业产业的发展作出了积极的贡献。但农业合作经济组织还相对较少，发展较为滞后，还无法满足农业产业集群发展的需要。

四、连云港农业产业集群化发展策略

连云港农业产业集群的现代化建设要以"一带一路"交汇点机遇、国家首批农业对外开放合作试验区机遇、国家自贸试验区机遇等为契机，充分发挥连云港现代农业产业集群的优势效应，深刻认识连云港农业产业集群发展存在的不足，结合连云港目前农业产业集群发展状况，要做大做强龙头企业、现代化产业园区、农业特色产业，做好农业产业的信息化工程，推进连云港农业产业科技创新体系建设，提高农业产业组织化程度，为连云港农业产业的快速发展提供思路。

（一）连云港农业产业规模化策略

2020年连云港国家级农业龙头企业4家、省级农业龙头企业58家，创历年新高，市级龙头企业230多家，逐步形成以海产品养殖加工销售、食品加工、牧业、粮食加工、蔬菜类加工、木业等为代表的农业产业集群等。当地政府相关部门要在信贷、资金、税收等方面给予农业龙头企业以扶持；龙头企业自身要充分发挥自己的优势，进行科技创新、市场开拓，在现有的龙头企业基础上，努力壮大企业规模，起到带动示范的作用，以提高农业产业化经营、专业化水平，努力打造农业产业集群集聚优势效应。

（二）连云港农业产业信息化策略

农业信息化既是农业现代化的一个重要标志，也是农业产业化的重要支撑条件，同时也是促进农业发展和提高农民收入的重要手段。只有通过完善高效的农业信息化市场，为农民提供及时准确的信息，才能更有效地实现农业的快速发展，提升农产品竞争力，从而提高农业产业信息化的经营决策水平。

目前，农业信息化在基础设施、农业信息服务体系、农业信息服务平台建设、农业信息传播渠道等方面已取得不少成绩，但同时也存在信息化建设资金不足、农业信息化人才相对缺乏、农村信息员素质偏低等问题，为此有关部门在农业信息化方面要加大扶持力度，可以选择经济实力相对较强的灌云东王集镇、赣榆海头镇、东海牛山镇建立农业产业信息化示范基地，特别是要引进和加强农业信息化人才的建设，从而推进连云港农业产业信息的快速发展。

（三）连云港农业产业科技创新策略

农业科技创新体系是指由农业科技创新主体，在一定创新动力推动下，为达到和实现农业科技创造、推广与应用，在农业科技领域中的组织或经济个体所形成的网络关系系统。目前连云港农业科技创新体系还不成熟，如科技成果转化率较低、农业科技投入不足等，已不能适应农业科技的发展，不能满足现代农业产业发展的需要。要构建连云港农业科技创新体系，首先要对连云港现代农业科技供给与需求进行研究，分析农业科技创新供求的特点及其机制；其次对连云港现代农业科技创新能力进行评价，从而更好地把握连云港农业产业的科技创新水平，做好农业技术专家人才的引进与培养；农业产业部门还要加强与农业科研所的合作，做好农业科研成果转化平台工作，为连云港农业产业的快速发展提供动力。

（四）连云港农业产业组织化策略

连云港农业产业化的最基本模式为"公司＋基地＋农户"模式，为农业产业的规模化发展、区域化布局、品牌化经营起到带动作用。但农户与企业的矛盾日益显出，农户往往处于被动地位，农产品丰收了可收益常常得不到保障。所以农业产业组织化显得尤为重要，产业组织化可以确保农产品上下游各环节企业或相关利益者做出恰当的制度安排，可以妥善解决企业、协会、农户利益脱节等问题，降低农业产业交易成本，运输成本等，对实现农民组织与经济实体有机融合等方面起到积极的作用。有关部门要进行积极引导，扶持农业合作经济组织的发展，努力营造良好的环境与氛围，使连云港农业合作经济组织健康有序地发展，使之适应连云港现代农业产业集群发展的需要。

五、小 结

本节通过对连云港农业产业集群模式及其集群效应的分析，构建连云港农业产业集群模式要素，指出连云港农业产业集群发展存在的不足，进而提出连云港农业产业集群化发展策略。连云港市农业产业集群的发展要紧抓《江苏沿海地区发展规划》及江苏省召开推进农业现代化电视会议精神之机遇，以科学发展观为指导，做好农业龙头企业、现代化产业园区、农业特色产业、农业产业的信息化工程、农业产业科技创新体系及农业产业组织化建设，这些举措势必对推进连云港农业产业集群化健康发展和农业的现代化进程起到积极的作用，从而增强农业对外开放合作风险防范能力。

第三节　基于新农村建设可持续和谐发展视角的农业对外开放合作风险防范管理及对策研究

一、连云港新农村建设可持续和谐发展管理研究

新时代社会主义新农村建设将文明和谐、环境优美、设施完善、经

济繁荣视为发展目标。农业是工业、服务业的基础，正确处理三农问题在我国经济建设过程中意义重大。进行新农村建设可持续和谐发展管理研究势在必行，建设好社会主义新农村，对农业对外开放合作风险防范具有非常重要的意义。

（一）新农村建设可持续和谐发展管理内涵

连云港新农村建设可持续和谐发展管理就是为了提高农业生产，实现农民富裕，提倡文明风尚，保护村容整洁，实现民主管理，充分利用资源效率，保护生态环境，保持生态平衡，实现农业资源、环境、经济、社会的协调和谐可持续发展，运用制度、经济、科技、行政、教育、法律等各种手段，对连云港新农村建设可持续和谐发展系统进行的调查、计划、组织、分析、评估、决策、指挥、监测、协调、监督和控制等一系列活动的总称。

（二）新农村建设可持续和谐发展管理框架模式

为了对连云港新农村建设可持续和谐发展管理系统进行调查、计划、组织、分析、评估、决策、指挥、监测、协调、监督和控制等一系列活动，必须明确新农村建设可持续和谐发展管理管理目标，应成立连云港新农村建设可持续和谐发展管理委员会，制定连云港新农村建设可持续和谐发展管理战略框架。

连云港新农村建设可持续和谐发展管理目标可以从明确新农村特征、实施调查、选择指标、确定权重、综合评价，制定标准、反馈机制等方面构建，它描绘连云港新农村建设可持续和谐发展状况到希望达到的新农村目标的过程，运用反馈监督机制调整偏离目标，达到纠偏的目的。

连云港新农村建设可持续和谐发展涉及农业、林业、水利、经贸、科技、国土资源、规划、交通、建设、文化、计生、环保、质监、海洋与渔业等不同行业部门，要想取得社会、经济、生态良好的综合效益，没有一个协调机构是不可能实现的。采取统一管理和部分分级管理相结合的形式，建立一个高层次的协调机制，可成立连云港新农村建设可持续和谐发展管理协调委员会，可由连云港市乡村振兴局牵头，来协调不同的机构部门，通过协调委员会，提供一个良好的技术合作、相互沟通的平台。

在连云港新农村建设可持续和谐发展管理协调委员会提供的平台环境下，根据新农村可持续发展目标制定连云港新农村建设可持续和谐发展管理规划，管理规划要根据特定的自然和社会经济条件解决好新农村建设中出现的矛盾，把握农业经济、社会和生态环境变化趋势，可持续地利用资源，保护生态系统平衡等，从而达到提高农业生产，实现农民富裕，提倡文明风尚，保护村容整洁，实现民主管理的目的。

在连云港新农村建设可持续和谐发展规划的基础上，通过以工带农、农业现代化、特色产业化等方式实现新农村建设可持续和谐发展规划内容，规划实施一段时间后，要强化监测评价。它是通过产出社会、经济、生态综合效益等对新农村建设可持续和谐发展效果进行评估，再根据其结果与预期进行比较分析，形成一个反馈机制来调节下一次新农村建设活动，使之形成良性循环。所以通过建立完善的管理控制系统，可以实现连云港新农村建设可持续和谐发展管理。连云港新农村建设可持续和谐发展管理体系架构图如下图 9-3 所示。

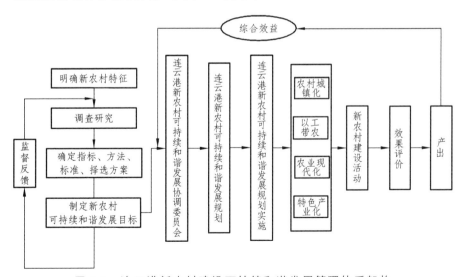

图 9-3　连云港新农村建设可持续和谐发展管理体系架构

二、连云港新农村建设可持续和谐发展对策研究

为了使农业生产、农民收入进一步提高，乡风文明得以弘扬，村容环境进一步改善，乡村管理民主进一步规范，自然资源、社会经济协调发展，人与自然和谐发展，应从做好农业综合开发、新农村环境治理、农业信息化、新农村人才等方面进行对策研究，使连云港新农村建设可持续和谐发展再上一个新的台阶。

（一）农业综合开发对策

现在世界上许多国家都在进行农业综合开发，如美国田纳西流域的综合治理、日本北海道的开发、和印度旁遮普邦"绿色革命"的效果都被世界所公认。我国进行农业综合开发也是势在必行。

农业综合开发是国家支持保护农业的一项重要措施，在社会主义市场经济条件下，实施这项政策有其长期性和必要性，它对巩固农业基础地位，保护生态环境，推动农业和农村经济结构调整，提高农业综合生产能力，增加农民收入，促进新农村建设可持续和谐发展有着重要作用。农业综合开发重视先进科学技术的示范、推广和应用，充分发挥科技在农业综合开发项目中的作用，提高能源的利用率，实现高效的生态良性循环和经济良性循环，获取最佳的经济、生态、环境、景观和社会五大效益。

农业综合开发是国家实现国民经济长期、稳定、协调发展的重大决策和举措，对于加强农业基础建设，增强农业发展后劲，提高农业生产力，促进农林牧渔业全面发展起到非常重要的作用，对区域新农村可持续和谐发展同样具有非常重要的意义，它是开创农业新局面的希望所在。

农业综合开发有利于合理开发利用农业资源，实现农业发展可持续性。农业综合开发能够扩大农业的资源视野，把一大批尚未利用的资源充分利用起来，充分挖掘和开发利用滩涂、荒山、湿地、等闲置的土地资源，采用经粮结合、经渔结合、林地结合等循环经济理念，实现新农村建设可持续和谐发展。

农业综合开发能够挖掘农业资源的内在潜力。目前，农村耕地"中低产田"还占有相当大的比重。采取工程手段、生物手段、经济手段、科学措施，提高单位农业资源的可利用率及产出率，对资源利用再提高。积极推进生态农业和立体农业的发展模式，提高农产品的量和质，使之合乎人民群众生活的需要，加快农业现代化进程。

农业综合开发有利于优化组合农业生产要素。农村生产力结构不合理、农村劳动力多数文化技术素质不高、市场的供求矛盾日渐突出等因素限制新农村建设可持续和谐发展，农业综合开发有利于生产要素重新合理组合，开发农业形式的多样性和广泛性，大大拓宽了劳动力就业空间。

农业综合开发有利于改善新农村的生态环境，农业开发是以经济、社会、生态效益协调发展为指导原则，以综合效益为总体目标，按照自然规律和市场规律合理规划和布局，通过利用、治理、改造、保护生态环境，获得大量的生态安全农产品，为新农村建设可持续和谐发展奠定了良好的基础。

农业综合开发有利于实现农村市场经济的良性循环。开发性农业形成以市场牵龙头、龙头带基地、基地联农户为农业发展模式，大力实施产业化布局、规模化生产、一体化经营和品牌化战略，加大农副产品资源开发转换力度，促进生产、运输、销售协调循环，实现新农村市场经济的良性运转。

可以说，农业综合开发是实现新农村建设可持续和谐发展的一种重要手段。它以高产、高质、高效农业为切入点，以"生态、高效、协调、循环、再生"农业为发展目标，以沿海滩涂开发、农业现代化示范、农业龙头企业培育、优质农产品生产基地建设为主要内容，以市场牵龙头、龙头带基地、基地联农户为农业发展模式，大力实施产业化布局、规模化生产、一体化经营和品牌化战略，加大农副产品资源开发转换力度，形成农业产业集群。

农业综合开发有利于把改革与发展结合起来，建立生态、科技、效益三位一体的可持续农业发展新格局。农业大规模的综合开发，以现代化新农村可持续和谐发展为理念，开拓创新、锐意进取，把改革和发展密切结合起来，形成深化改革、科技兴农、优化结构、协调发展的区域新农村可持续和谐发展的新格局。积极调整农业产业结构，综合开发农业资源，重新组合农业生产要素，保持农业经济全面发展，描绘了一幅新农村可持续和谐发展的美好蓝图。

1. 连云港农业综合开发对策思路

通过对连云港资源条件的分析，以现代生态农业为理念，提出了连云港沿海滩涂开发、农业现代化示范基地建设、农业龙头企业培育等农业综合开发建设目标，为连云港新农村可持续和谐发展奠定基础。

2. 连云港农业综合开发背景分析

连云港东濒黄海，北与山东郯城、临沭、莒南、日照等县市接壤，西与徐州市新沂、宿迁市沭阳毗邻，南与淮安市涟水、盐城市响水相连，连云港位于鲁中南丘陵与淮北平原的结合部，整个地势自西北向东南倾斜，境内平原、海洋、高山齐观，河湖、丘陵、滩涂具备。

水系基本属于淮河流域沂沭泗水系。沂沭地区的主要排洪河道新沂河、新沭河等均从市内入海，故有"洪水走廊"之称。水资源总量 56 亿立方米，连云港耕地面积 3 916.69 平方千米，约占土地总面积的 51.43%，2019 年实现农林牧渔业总产值 656.90 亿元。农产品区域布局进一步优化，优质稻米、畜禽、花卉、蔬菜、水产养殖等五个支柱产业板块逐步壮大。粮食总产 366.56 万吨，增长 0.7%。新增造林 30 万亩、市区绿地 280 公顷，林木覆盖率、建成区绿化覆盖率分别达到 28.7%、41%，赣榆区创成"国家生态文明建设示范区"。目前连云港国家级农业龙头企业已达 4 家、省级农业龙头企业已达 58 家。初步建成蔬菜、淀粉、水产品等十大农产品出口创汇基地。

连云港具有较好的农业基础，农业资源开发的前景十分广阔，目前沿运农业综合开发进入了新的历史阶段，区域化布局，专业化生产，规模化经营的格局初步形成。但也还存在一些问题，如沿海滩涂开发资金投入不足，科技对农业的贡献率不高，市场农业发育程度低，市场体系不健全，农业企业竞争力不强，龙头企业的带动作用不明显等。

3. 农业综合开发总体目标

针对目前连云港农业综合开发资源优势和存在问题，确定以"三高"（高产、高质、高效）农业为切入点，以"生态、高效、协调、循环、再生"农业为发展目标，以沿海滩涂开发、农业现代化示范基地、农业龙头企业培育为主要内容，以市场牵龙头、龙头带基地、基地联农户为发展模式，大力实施区域化布局、规模化生产、一体化经营和品牌化战略，加大农副产品资源开发转换力度，形成农业产业集群。

4. 农业综合开发内容

连云港农业综合开发主要内容有沿海滩涂开发、农业现代化示范基地建设、农业龙头企业培育等。

（1）沿海滩涂开发。

江苏省委、省政府的沿海开发战略为连云港沿海滩涂开发提供了机遇，目前连云港拥有沿海滩涂面积 160 万余亩，土地后备资源丰富，开发潜力大，要以"科技兴海"为导向，以市场为调节手段，建立"谁开发、谁受益、谁保护"的机制，促进连云港沿海滩涂开发的可持续发展。

要进一步做好滩涂开发规划，优化产业结构，积极申报滩涂围垦项目，在开垦荒地、海水养殖、畜禽养殖、食品基地建设等方面做好文章，力争获取国家项目支持基金，倡导多元投资，吸引民资、外资、工商资本，重点做好赣榆县柘汪、海头、青口、宋庄等乡镇的贝藻养殖基地、海水苗种繁育基地等高效养殖基地，加快发展以海洋产品加工为主的优势产业等现代龙头企业示范工程，形成灌南、灌云、淮北盐务、连云港区、赣榆主要沿海乡镇的海滨旅游观光带、海洋旅游度假区，促进沿海滩涂生态农业观光业的跨越式发展。

（2）农业现代化示范基地。

目前，连云港有一些农业现代化示范项目，但大多数规模小，科技含量较低，示范带动作用不强。为此有必要建设科技含量高的规模化农业现代化示范园区，重点建设东海、赣榆、灌云、灌南农业现代化示范基地，形成良性循环经济的高效生态农业，实现经济效益、社会效益和生态效益的高度统一。

赣榆重点做好沙河蔬菜、城西花卉、门河中药材、城头和赣马蚕桑、墩尚草莓和泥鳅养殖、欢墩芦笋等基地建设。

东海做好百万亩优质水稻、小麦、甜瓜、蔬菜、优质桃、高淀粉加工基地建设，重点做好黄川草莓、双店的百合、郁金香、菊花等鲜切花、石梁河葡萄、山左口有机食用菌基地建设。

灌云做好林药材间套、花卉苗木、牧草养鹅、黑莓等特色产品示范基地建设，特别做好良种鹅养殖、陡沟芦蒿特色蔬菜示范区、陡沟和伊芦浅水藕种植示范基地、穆圩节水与农业结构调整示范基地建设，形成以芦蒿、苔蒜、辣椒、浅水藕、食用菌等特色的五大高效农业规模基地。

灌南要以蔬菜、养殖、花卉苗木为主导产业，重点做好食用菌、生猪养殖、彩叶培育为主，优质水稻、肉鸡和肉鸭养殖、蔬菜、食用菌、秀珍菇、糯玉米和花菜、药用泥鳅养、中药材种植、凤梨等为辅的基地建设，着力打造食用菌的领军企业，以天顺牧业为龙头，推进万头肉牛养殖工程，以高档盆花为主攻方向，加快推进花卉苗木产业带基地建设。

（3）农业龙头企业培育。

培育壮大农业龙头企业，是促进农业结构调整、加快推进高效农业规模化的重要途径，是促进农业增效、农民增收的重要举措，也是发展现代农业、建设新农村的重要任务。明确这一要领，才能更加自觉地融入大局，发挥农业综合开发在扶持农业龙头企业，推进产业化发展的积极作用。

近年来，连云港坚持实施龙头带动战略，加强组织协调，加大投入力度，强化服务指导，积极推进农业产业化经营，全市农业龙头企业呈现出良好发展态势。

龙头企业是实现产业化经营的关键，是拉动"三农"走向市场的龙头，对促进农民增收有着不可替代的作用。结合农业优势产业，努力培育竞争力强、带动面广、与优势产业带相配套的产业化龙头企业。要以龙头企业为核心和纽带，一头向市场延伸，一头向农业生产延伸，促进农产品生产加工的规模化、专业化，逐步形成种、养、加、储、运、销一体化的经营模式。重点培育以赣榆海产品养殖加工为主的龙头企业、以东海食品加工为主的龙头企业、以灌云农产品加工为主的龙头企业、以灌南木材加工业为主的龙头企业等农业龙头企业。

① 以赣榆海产品养殖加工为主的龙头企业。

在重点发展榆城集团、罗阳渔工贸、中大海藻、有利食品、百鲜屋等 5 家农业龙头企业的基础上，积极争取财政投资，培育新的以海产品养殖加工为主的企业。

② 以东海食品加工为主的龙头企业。

继续扶持江苏越秀食品有限公司、连云港福润公司、连云港华泰米业有限公司、天谷米业、连云港惠康油脂、蟹田米业、旺润、不倒翁、泰同等重点企业，形成以食品加工为主的行业龙头企业。积极"公司+基地+农户"的经营方式，进一步规范企业和农户的履约行为，形成利益共同体，实现互利共赢。

③ 以灌云农产品加工为主的龙头企业。

在粮食加工方面，重点培育以田螺米业、金禾麦面粉、天宝粉丝等企业，在棉花加工方面，重点培育润瑞实业、万利棉业、圩丰扎花等棉花龙头企业，在蔬菜加工方面，重点培育绿野、金麦浪、长胜等龙头企业，重点打造农业产业化国家级重点龙头企业"灌云县江苏兴云集团"，形成农产品加工示范龙头企业。

④ 以灌南木材加工业为主的龙头企业。

灌南是全省闻名的"桐木之乡""杨木之乡"，木材蓄积量达 200 万立方米。重点打造捷达木业、龙华木业有限公司、森森集团、光阳木业、华展木业、新光阳木业和迎雄木业等以木材加工业为主的龙头企业，形成以木材加工业为主，以纺行业、花卉苗木为辅的龙头企业格局。

（二）新农村环境治理对策

近年来，连云港加快农村城镇化和农业产业化的同时，加强农村环境综合整治工作，着力推进农村基础设施建设和生态环境建设，为了增强环境忧患意识，做好环保工作，传播生态文明，还须进一步做好生态环境示范村、生产生活环境净化、垃圾污染治理、农村基础设施建设、村庄绿化等方面的工作。

1. 做好生态环境示范村工作

要以灌云县的为伊东村、元兴村、茆庄村、仲集村、灌南县的张庄村、沟东村、公兴村；东海县的陈西村、桃李村、青南村；赣榆县的马庄村、欢墩埠村、东温庄村作为环境治理重点示范村，通过创建生态环境示范村活动，对整个连云港新农村环境治理工作起到带动作用，促进和谐新村农村环境治理建设步伐。

2. 做好生产生活环境净化工程

重点实施测土配方生态施肥技术，病虫草害生态控制技术、秸秆资源化利用技术、废弃物无害化处理技术，对规模养殖大户实施生产清洁工程，全面普及畜禽圈养、畜禽粪便厌氧处理、堆肥发酵、多级净化技术，实现人畜分离，引导农民综合利用畜禽粪便，变废为宝。建立农村生活环境净化工程，重点为做好建化粪池、厌氧池、植物土壤渗滤池、堆沤池，改厨、改厕、改水、改栏、改庭园及农户生活废水净化工程。

3. 做好新农村垃圾污染治理工作

新农村垃圾污染治理工作首先要做好宣传发动工作，通过报刊、电视、广播等宣传工具，把环保意识、环保政策等渗透到居民的日常行为中，提高全民的环保意识，调动使广大农民朋友积极参与，充分认识到垃圾污染治理工作的重要性，只有做好新农村垃圾污染治理工作，才能建设好山清、水秀、景美的新农村风貌。

积极做好垃圾清理、污泥污水、乱堆乱放等农村环境综合整治工作，设立村级垃圾收集点，在主街道安置垃圾箱，减少了过往行人乱扔垃圾的现象，在乡镇垃圾处理点，垃圾污理由环卫专职人员负责，对垃圾进行分类处理，可实行保洁公司企业化管理，可采取"组保洁、村收集、镇运转、县处理"的垃圾一体化垃圾污染治理处置模式。

4. 农村基础设施建设

努力打造住宅美化、道路硬化、村庄绿化、卫生洁化的，生态文明、环境优美的社会主义新农村。

新农村基础设施建设一是要重点做好新农村村庄规划，要以赣榆县罗阳镇岭灶村、海头镇马庄村、灌南县新安镇曹庄村、袁闸村、灌云县伊山镇王圩村、侍庄乡陆庄村、东海县牛山镇贯庄村、桃林镇桃东村、新浦区浦南镇太平村、云台乡朱麻村、海州区新海村、经济技术开发区马山村、连云区老君堂村等村庄为康居示范规划村，努力打造一片具有新农村特色的现代化社会主义新农村村庄。二是要做好村村通道路硬化工作，实施道路通达工程，努力做好农村道路工程，实现村内道路循环贯通，庄庄相连，使村组公路硬化，水泥路通到全村各组。三是要做好实施"四改"和沼气工程，即改厨、改厕、改圈、改浴工程，以灌云县盛源生猪有限公司沼气工程、灌云县两眼望开源综合养殖有限公司沼气利用工程为示范基地进行推广。四是要做好农村饮水安全工程，加大饮用水水源保护和监管力度，有序推进乡镇污水处理设施建设，建设清洁水源，加快解决部分农村人口饮水问题，切实保障广大农民的健康安全。

5. 进一步做好村庄绿化工作

为了进一步改善村容村貌，必须坚持科学发展，谋求生态文明，进行广泛宣传，使广大农民充分认识到村庄绿化既可以美化环境，又可以增加农民收入，新农村应充分利用家前屋后、路旁、沟边及可充分利用的废置田边，积极引导农民栽植经济林木。示范村可在主要道路两侧栽植常青绿化风景树，营造出一幅青山绿水乡村、小桥流水农家的美丽画卷。

（三）农业信息化技术对策

所谓农业信息化是社会信息化的一部分。农业信息化是指利用现代信息技术和信息系统为农业产供销及相关的管理和服务提供有效的信息支持，并提高农业的综合生产力和经营管理效率。农业信息化是农业现代化的重要内容，是农业适应市场经济的重要途径，是提高农业综合生产力的有力手段，是政府有效管理农业的重要途径。它首先是一种社会经济形态，是农业经济发展到某一特定过程的概念描述。它不仅包括计算机技术，还应包括微电子技术、通信技术、光电技术、遥感技术等多项技术在农业上普遍而系统应用的过程。农业信息化又是传统农业发展到现代农业进而向信息农业演进的过程，表现为农业工具以手工操作或半机械化操作为基础到以知识技术和信息控制装备为基础的转变过程。农业信息化有三个明显的特点：农业信息技术在其他技术序列中优先发展；信息资源在农业生产和农产品经营中的作用日益突出，农民更注意用信息指导生产和销售；信息产业的发展很大程度上促进乡镇企业的发展，并优化农业内部结构。

目前连云港农业信息化工作有了一些进展，但还是处于初级阶段，还远远不能满足现代化新农村建设可持续和谐发展的要求，表现在农业信息化基础设施相对落后，信息人才相对缺乏，信息交流方式相对落后，农业信息资源开发利用不够，农业信息服务体系没有形成等。为此要想实现连云港农业经济的快速腾飞、农业生产力的极大提高、社会经济生态效益的高度统一、新农村可持续和谐的快速发展、管理效率提高，做好农业信息化工作势在必行。而农业信息化所需的现代计算机技术、网络技术、多媒体技术、遥感技术等现代技术是区域新农村可持续和谐发展管理的主要发展方向。

农业信息化需要投入大量的基础设施，目前连云港经济已得到快速发展，已具备农业信息化的基本条件。但农业信息化基础设施建设所需资金较多，可以通过政策宏观调控引导、招商引资和民营控股等方式解决。

农业信息化是农业发展高层次的表现形式，融入计算机技术、信息技术和遥感技术等高科技技术，所以需要有一批具备既掌握信息技术又掌握农业专业知识的高素质人才，还需要一大批农业信息化技术应用型人才。目前连云港这方面的人才还很匮乏，因此有必要建立信息农业化示范基地。通过信息化基地，一方面可以给其他区域起到示范作用，另一方面可以培训更多的农业信息化人才。根据目前沿运区域的实际情况，可以在经济基础较好的赣榆县海头镇、东海县牛山镇建立农业化信息示范基地。

（四）新农村人才对策

目前连云港农村乡镇企业农村实用人才比例偏低，人才队伍结构相对不合理，尤其经营管理和专业技术人才、外语类人才，人才素质相对偏低，在农村实用人才中，具有中专及以上学历人员所占比例偏低，技术人才知识更新速度不快，人才流失比较严重等。这些原因已成为制约连云港新农村可持续和谐发展的瓶颈，建设社会主义新农村，发展农村经济，增加农民收入，关键在科技，核心在人才，要创造良好的吸引人才新机制，加强宣传教育，营造有利于人才成长的良好氛围，优化农村基层人才市场化配置，加强新农村人才职业教育，大力开发农村人才资源，全面提高农村劳动者素质，造就一大批直接为农村、农业和农民服务的农村人才，为农民致富、农业和农村社会经济的发展服务，从而使连云港新农村建设走上可持续和谐发展的道路。

1. 加强组织领导，完善人才管理机制

建立统一、高效的组织机构和完善的工作体系，加强农村人才开发工作的组织领导，建立统一协调的工作体系。

牢固树立"人才资源是第一资源"的观念，市、县、乡党委应成立新农村人才开发工作领导小组，对新农村基层人才实现市、县、乡三级综合管理统一管理，单位可由市乡村振兴局、发改委、人事、经贸、劳动、教育、科技、财政、统计、国土资源、信息、水利、卫生、规划、文化、科协、农业、畜牧等部门组成，由乡村振兴局和人事部门牵头作

为负责协调管理部门，制定和负责落实农村基层人才队伍发展、规划、管理等重大问题，定期召开一些调研工作，工作经验交流，实现人才工作经常化、制度化，解决新农村人才相关问题。

2. 加强宣传教育，营造人才成长氛围

加强宣传教育，营造良好的人才成长氛围，可通过舆论宣传工具，大力宣传党的人才政策和人才是第一宝贵资源的思想，加强对优秀人才示范宣传报道和表彰，充分调动用人单位的积极性、主动性和创造性，积极营造尊重劳动、尊重知识、尊重人才的良好氛围，形成良好新农村人才环境，让更多的人才投入到新农村建设中。

3. 优化农村基层人才市场化配置，促进人才流动

健全新农村人才市场，促进人才流动。应建立全市新农村人才信息网络，健全农村基层人才市场体系，推进了连云港新农村人才合理交流，定期发布新农村人才需求目录，促进新农村人才的市场化配置，充分发挥市场在配置农村基层人才中的基础性作用。新农村建设单位还应建立与之匹配的人才激励、保障等配套政策措施，只有这样才能更好地吸引人才，更多地留住人才。

4. 大力开展新农村人才职业教育，强化"造血"功能

新农村建设一方面需要农业专门性人才，另一方面更需要有文化、懂技术、会经营的新型农民。专门性人才可通过建立和完善农村人才市场，引导、鼓励大学毕业生到农村基层就业，为新农村建设注入新的血液，要通过合理机制打破城乡人才流动壁垒，为新农村建设提供强大的优质人才支撑；积极探索新型人才培养模式，如校企联合为新农村建设培养知识型农村人才。新农村新型农民培养一是可通过公司基地模式大力培养输出劳务型农村人才，二是公司协会模式大力培养就地使用实用型农村人才，三是积极可与职业院校联合发展农村技能教育，实施岗位技能的培训，提升农民的综合素质和能力，从而培养科技推广人员、生产能手、经营能人、能工巧匠等农村实用人才。

三、连云港新农村可持续和谐发展保障体系

为了实现连云港新农村的可持续发展，除了新农村可持续和谐发展对策外，还需要强有力的保障体系。连云港新农村可持续和谐发展保障体系主要有政策保障、技术保障、资金保障等。

（一）政策保障

2021 年 1 月，中央一号文件《中共中央国务院关于全面推进乡村振兴加快农业农村现代化的意见》是 21 世纪以来第 18 个指导"三农"工作的中央一号文件。文件指出，民族要复兴，乡村必振兴。把全面推进乡村振兴作为实现中华民族伟大复兴的一项重大任务。该文件是新农村可持续发展的重要指导性文件，连云港市要按照中央一号文件精神具体制定的乡村振兴加快农业农村现代化相关政策，为新农村可持续发展提供大力保障。

（二）技术保障

连云港农村可持续发展不仅需要强有力的政策保障，还需要技术保障。2021 年中央一号文件要求推进绿色发展，要大力发展农业技术，如推广农作物病虫害绿色防控技术、秸秆综合利用技术、农膜可降解技术、农业节水技术等，可为连云港农村可持续发展提供重要的技术支撑。

（三）资金保障

连云港农村可持续发展不仅需要强有力的政策保障、技术保障，还需要资金保障。只要有充足的资金保障，才能更好更快地实现乡村振兴、建设美丽富饶的连云港现代化社会主义新农村。一是要充分利用国家的政策扶持，2021 年中央一号文件明确指出，要强化农业农村优先发展投入保障，中央预算内投资进一步向农业农村倾斜，要积极做好国家和省部级项目资金申请工作。二是要引进市场化机制，让社会力量参与进来，充分体现"谁投资，谁收益"原则，使连云港新农村建设走上良性可持续发展道路。

四、小　结

本节主要对连云港新农村可持续和谐发展管理、对策及保障体系进行了深入的研究。首先，对连云港新农村建设可持续和谐发展管理概念进行界定，在此基础上，提出了连云港新农村建设可持续和谐发展管理框架模式；接着提出了四个方面的连云港新农村建设可持续和谐发展管理对策，即农业综合开发对策、新农村环境治理对策、农业信息化技术对策、新农村人才对策等，最后给出了连云港新农村建设可持续和谐发展保障体系。进行新农村建设可持续和谐发展管理研究，才能更好地建设好社会主义新农村，从而提高对农业对外开放合作风险防范能力。

第四节　基于农业科技服务视角的农业对外开放合作风险防范策略研究

农业科技服务体系是一项全面系统化服务，也是一种网络体系，一般通过多种经营方式、经济方式进行相互配合，通过多环节、多层次、多回路的相互联系，以优化生产要素为目标，以促进农业经济发展为方向，进而取得更好的社会效益。建立新型农业科技服务体系，建设覆盖全程、综合配套、便捷高效的科技服务体系，是发展现代农业的必然要求。只有依靠农业科技创新，以其强大的技术为支撑，才能推动现代农业的发展，才能提高农业对外开放合作风险防范能力。

一、国家在科技服务体系建设方面应给予政策支持

2020年，中央全面深化改革委员会第十一次会议审议通过的《关于加强农业科技社会化服务体系建设的若干意见》指出，以增加农业科技服务有效供给、加强供需对接为着力点，以提高农业科技服务效能为目标，加快构建农技推广机构、高校和科研院所、企业等市场化社会化科

技服务力量，开放竞争、多元互补、协同高效的农业科技社会化服务体系，为农业科技服务体系建设指明了方向。而现代农业科技服务体系建设要依靠国家的宏观政策环境。十多年来中央一号文件明确农业科技创新方向，强调国家加大农业科研投入，支持农业科技项目，这为农业科技服务体系建设提供了良好的政策环境。一方面作为国家农业政策落实的农业管理部门，要做好农业科技服务体系发展规划，提高农业科技成果转化应用水平，加大科研专项实施力度，深化农业科技管理服务体制机制创新，明确重大关键攻关技术；另一方面作为农业研究部门，要充分利用国家的农业政策，积极申报农业科技服务创新项目，在新品种培育、农业信息化技术和农业资源高效利用等领域争取国家、省、市级立项；同时农业生产经营部门，是农业技术成果的服务推广应用者，相关部门可给予一定的优惠政策，在财政、税收、信贷等政策上加大对农业生产经营部门农业科技服务活动的支持。

二、构建完善的农业科技服务体系模式

现代农业科技服务体系构建是一个系统工程，具有公共性的、基础性、公益性等特征，涉及农业管理部门、农业研究部门、农业科技推广部门、农业科技应用部门等部门，必须成立由政府部门牵头协调的，以农业科技服务中心为核心，以农业高新技术推广试验为基础，以科技产业效益化为目标，以国家政策支持为保障的现代农业科技服务体系。应成立以中国农业科学院研究所、中国农业类高等院校的相关优势学科为农业科学研究的国家农业科技服务中心，选取具有相关优势的国家级农业科技园区、国家级大型农业龙头企业作为国家级高新技术产业化推广试验基地。省市级的农业科技创新服务中心和高新技术推广试验基地可参加国家级相应的模式。现代农业科技服务体系系统化建设，必须充分整合科研院所、高等院校等农业科技服务资源、发挥农业科技人员的聪明才智，加强农业科学的基础性、原创性及应用性研究，调整农业科技服务结构，优化农业推广、应用及产业化布局，创造良好的农业科技服

务政策环境、人才环境。通过现代农业科技服务体系系统化建设，从而提高我国农业科技服务的效率。

三、打造一流的农业科技服务及推广应用人才队伍

农业科技推广体制，是将农业科学技术成果有效转化应用到农业生产经营中，从而提高农业生产经营效率，以推动现代农业发展和农业生产力进步的制度设计。中国农业现代化建设任重而道远，就目前而言，人才队伍是中国农业创新及推广服务的主要瓶颈，特别是中国目前还有主要集中在农村的达五千多万的文盲人群，农村大部分人口普遍受教育程度不高。所以当前要迫切做好农业科技服务体系推广应用人才队伍的建设。一方面要在农业人才队伍建设方面加入投入力度，在政策上，鼓励和吸引海内外优秀人才加入农业科技创新研究及推广应用中来；另一方面要充分调动国内农业大学的专家学者的农业科技服务体系推广的积极性；只有做好这几方面的工作，中国的现代化农业才有希望。

四、努力提高基层科技工作者和劳动者素质

现代农业科技创新成果技术服务推广应用，需要一大批从事基层的农业科技推广应用的科技工作者和农业生产经营活动的农村劳动力。针对目前农业基层农业科技推广服务的科技工作者和从事农业生产经济活动的农业劳动生产力素质相对较低情况，要做好以科技培训和推广为重点的农村职业教育培训工作。一方面要做好基层农业科技推广应用的科技工作者的再充电教育、再培训和再教育工作，特别是对农村土生土长的农业科技人员可以在农业院校或研究机构进行系统化的专业知识再深造学习，提高其科技创新成果应用服务能力，努力改善和提高基层农业科技人员待遇，创造良好的工作生活学习环境，使他们能安心投入到农业科技成果推广服务应用活动中；另一方面要做好对农村农业从业人员的宣传发动工作，使他们认识到只有科学地运用科技成果，才能给农业收入带来更好的收益。对科技成果的运用需要一定的新知识，新技能，

要针对农业从业人员的不同特点，举办不同的学习培训活动。对受教育程度较低的农务人员，可以从基础教育开始；对受教育程度相对较高的农务人员，可以开办农业技术兴趣班，如进行农业信息化教育，教会他们学会运用农业信息网站、"农业一线通"等声讯热线电话、开通手机"农信通"等，使其掌握现代农业技术，从而不断提高基层的农业科技推广服务的科技工作者和从事家农业生产活动的广大农务人员的素质。

五、建立多元化农业科技服务体系投资渠道

由于农业是国家的基础产业，也是弱质产业，所以国家政府在农业科技服务体系推广服务方面应该作为投资的主体，特别是对那些短期内没有明显收益的基础科学研究进行投入，从而从根本上保障农业产业的现代化发展。针对农业科技创新成果的推广服务资金严重不足情况，仍要以政府为投资主体，可设立农业科技创新成果专项资金；出台相关农业技术推广服务保护政策，尽可能地减少投资风险，以优惠的政策吸引外资、民间资本等进行多渠道融资，走"谁投资、谁收益"的农业科技服务市场化道路。

六、小 结

中国经济的快速发展和科技能力的迅速提高为科技服务提供强有力的支撑，近二十多年来中央一号文件为中国农业科技服务体系建设提供了战略机遇。一方面国家对科技创新方面给予政策支持，应给予一定的优惠政策，在财政、税收、信贷等政策上加大对农业生产经营部门农业科技服务活动的支持；另一方面要以"产、学、研"为主导，将农业科技研究、教学、推广及应用集于一体，优化了农业科技创新资源，使得农业科技服务体系走上一条良性发展的道路；还要在农业人才队伍建设方面加入投入力度，在政策上，鼓励和吸引优秀人才加入农业科技创新研究及推广服务中来，充分调动国内农业大学的专家学者的农业科技服务体系推广的积极性；再者是不断提高基层的农业科技推广应用的科技

工作者和从事家农业生产活动的广大农民的素质，为农业科技服务提供支撑条件；最后要以优惠的政策吸引外资、民间资本等进行多渠道融资，为国家农业科技服务体系建设提供资金保障，从而增强农业对外开放合作风险防范能力。

第五节　基于生态农业可持续发展视角的农业对外开放合作风险防范策略研究

面对日益增长的人口趋势、资源浪费等问题，如何控制人口增长、节约资源、保护环境，使人口增长和社会生产力的发展相适应，使经济建设与资源、环境相协调，实现良性循环是迫切要解决的问题，务必建立以绿色生态为导向、以适应资源环境承载力为前提、以农业生产和农业生态相协调为目标的新体系。通过对农业生产方式进行全面深入的研究，发现当前粗放种植经营和以牺牲环境为代价的现象，所以要寻求一种经济效益好、环境污染小、资源利用充分的一种生产方式，实现生态、经济和社会相统一，提升农户的收入水平，推进社会主义新农村建设、乡村振兴等国家发展战略的实施进程，从而增强防范农业对外开放合作风险能力。

一、生态农业可持续发展创新对策研究

"创新"最早是在 1912 年由美籍奥地利经济学家约瑟夫·熊彼特首次使用。熊彼特认为，所谓创新，是指将一种从来没有过的关于生产要素"新组合"引入生产体系。这种新组合包括引入新产品、引入新技术、开辟新市场、控制原材料新的供应来源以及实现工业新的组织等内容。后来，索罗提出了技术创新成立的两个条件，即新思想根源和后阶段发展，这种"两步论"被认为是技术创新研究上的一个里程碑。

农业创新有别于其他创新体系的特点是：农业创新既受经济规律支配，也受生物规律支配；农业创新的物化生产资料，不能用其他资料取

代；农业创新的运行受自然力的影响较大；农业创新的周期和所需时间较长，一般需要 8—10 年左右；农业创新在时序上相对落后于其他主业；农业发展对农业知识与技术创新的要求领域宽、数量大、类型多、区域变异性强。

创新是一个农业可持续发展的不竭动力,是可持续发展的根本保证。生态农业可持续发展涉及的因素很多，也很复杂，但起主导作用的是机制、科技、生态等因素，这些因素之间相互作用、相互影响，只有在机制、科技、生态等方面实现创新，才能使农业活动保持旺盛的生活力，才能实现的社会、经济、生态效益，才能推动农业实现可持续发展。

目前连云港要实现人与自然和谐发展，生态环境保护及环境调控工作不容忽视，经济社会发展还有待提高，特别应加强农业可持续发展管理，做好生态农业可持续发展机制、科技、生态、保障等创新对策研究，使生态农业可持续发展再上一个新的台阶。

（一）农业可持续发展机制创新

传统农业依赖政府投入开发，造成国家投资多、收益少的局面；同时缺少一个高效机制，往往造成农业活动交易成本的增加。所以农业可持续发展须通过政府引导，提供优惠政策，创造宽松环境，建立一个社会主义高效灵活的市场经济体制，使农业劳动、资本、技术等因素得以发挥其功能，通过成立农业资源多元化开发政策。不断促进生态农业生产领域的体制及其运行机制的变革，促进劳力、资本、技术等因素的最佳组合，促进物质资本、人力资本、生态资本相互增值，提高农业劳动生产率、农业资源开发利用率，使生态农业进入可持续发展健康轨道。

（二）农业可持续发展科技创新

农业科技创新是生态农业可持续发展科技创新的指导思想。一是加强动植物新品种的自主创新，为提高农业综合生产能力提供良种保障；二是开发优质高效安全生产技术，为确保农产品质量安全提供保障；三是发展农产品精深加工新技术，为促进农产品转化增值提供保障；四是开发农业生态环境保护和资源综合利用技术，为发展循环农业提供保障；五是开发农业工程技术与智能化装备，为发展高效农业提供保障；六是加强基础研究与高新技术领域研究，为提高农业科技持续创新能力提供保障。

可以说，技术创新是连云港生态农业可持续发展的重要动力，科学技术是第一生产力，技术的创新直接或间接对农业活动中的生产要素进行最佳组合，产生巨大的经济、社会、生态效益，从而为生态农业可持续发展提供重要的动力。

（三）农业可持续发展生态创新

我国著名生态经济学家刘思华将生态创新定义为：包括生态系统本身的变革、创造新的人工系统和经济社会系统，即社会生产、分配、流通、消费再生产各个环节生态化过程。这是一个生态与经济一体化的完整过程。李炳毅等认为生态创新是指人们有目的改变人与环境的生态关系，建立高质量、高水平的良性循环的生态环境系统，使生态环境系统愈来愈社会化，越来越显示其经济社会的特点和功能。张社尧则认为生态创新是指从新思想和新概念出发，通过生态技术的创新、绿色制度的形成，不断地解决各种生态问题，最终使一个有生态价值、经济价值和社会价值的新项目得到成功的过程。

我国传统农业数千年可持续不衰的一个重要的原因是它蕴含了生态创新。可以说生态创新是区域农业可持续发展的不竭源泉，生态创新是贯穿农业生产活动整个环节系统，各个环节之间是相互联系、相互作用、相互影响、相互渗透的，每个环节的创新能使整个系统处于良性循环之中，人与自然的关系进一步得到改善。生态创新从根本上讲，就是要研究生态环境系统和经济社会系统之间的物质循环与能量转化的关系，使生态系统本身发生变革，创造新的人工生态系统，改变人与环境的生态关系，建立高质量高水平的良性循外的生态环境系统，一方面使人类的经济活动符合自然规律要求，另一方面使生态系统的生命系统和环境系统的结构和功能更好地适应人类社会发展的需要，实现生态环境与经济社会的有机结合与协调发展，确保现代经济及整个社会的可持续发展。

农业可持续发展生态创新要求充分利用现代科学技术，采用清洁工艺、生态工艺进行农产品的无公害生产，大力发展绿色产业、推动绿色市场快速发展，建立生态循环经济模式，实现生态环境与经济社会协调发展，促进生态农业可持续快速发展。

二、生态农业可持续发展保障体系

为了实现生态农业的可持续发展，除了生态农业可持续发展对策外，还需要强有力的保障体系。生态农业可持续发展保障体系主要有政策保障、技术教育保障、资金保障和法律保障等。

（一）政策保障

农业可持续发展要加快农业可持续发展政策保障体系。目前农业可持续发展活动还处于初始发展阶段，发展后劲不足，所以要从以下五个方面制定相关政策：一是农业可持续发展的产业政策；二是农业可持续发展的投资政策；三是农业可持续发展的技术开发政策；四是农业可持续发展的财政税收政策；五是农业可持续发展的价格政策。通过政策的扶持，营造一个良好的生态农业可持续发展环境，为生态农业可持续发展提供有力保障。

（二）技术教育保障

农业的可持续发展不仅需要强有力的政策保障，还需要切实可行的技术教育保障，技术教育保障是实现农业可持续发展的重要手段。农业可持续发展依靠农业技术的进步，如科学的生态治理技术、耕作技术、资源合理利用技术等对农业可持续发展能起到非常重要的作用。目前，一方面要进一步提高各级领导和广大群众可持续发展意识，另一方面还要提高农业从业人员的素质，通过技术培训，使农业从业人员的技术水平得到提高。这样通过培养生态意识、可持续发展理念，农业从业人员技术素质，使技术教育保障成为农业可持续发展的重要保障。

（三）资金保障

农业的可持续发展不仅需要强有力的政策保障、技术教育保障，还需要资金保障。资金保障提供生态农业可持续发展坚实的后盾，是生态农业可持续发展运行的物质基础。

农业开发的资金一方面可以通过申请国家级、省级项目资金，另一方面可以通过建立主体多元化投资方式的运行机制。使生态农业可持续发展资金实现良性运转，从而使资金为生态农业可持续充分高效发挥作用。

（四）法律保障

生态农业可持续发展涉及人口、资源、社会、经济、环境诸多方面的利益，要处理好这些关系，势必要运用法律的手段及执法监督体系来保障它们之间协调、有序、稳定地发展。要以我国的《农业法》《环境保护法》《水污染防治法》《环境噪声污染防治法》《土地管理法》《森林法》《大气污染防治法》等相关法律为基础，制定相应的农业可持续发展的法规，还要配套生态食品安全制度、农产品收购合同制度等措施，进一步完善农业可持续发展法律法规实施执行的监督机制，做到有法必依、执法必严、违法必究，确保农业可持续发展。

三、小　结

本节主要对生态农业可持续发展创新对策及保障体系进行了深入的研究。

一是生态农业可持续发展管理研究，主要是对生态农业可持续发展创新的对策研究，提出农业可持续发展机制创新、科技创新和生态创新。二是从政策、技术教育、资金和法律四个方面给出了生态农业可持续发展保障体系。生态农业可持续发展势必给农业对外开放合作提供永久的动力。

第六节　结　语

在"一带一路"倡议指导下，充分利用好连云港国家农业对外开放合作试验区平台，以及国家自贸试验区机遇，一是运用新制度经济学的制度变迁理论、交易费用理论、产权理论对农业对外开放合作风险进行经济学分析，并从转变政府职能、制定人才政策和改革制度创新等方面探讨农业对外开放合作风险防范路径。二是对连云港农业产业集群模式及其集群效应的分析，构建连云港农业产业集群模式要素，提出连云港农业产业集群化发展策略，从而增强农业对外开放合作风险防范能力。三是对连云港新农村可持续和谐发展管理、对策及保障体系进行了深入的研究。主要对连云港新农村建设可持续和谐发展管理、对策及保障体系进行了深入的研究，提出连云港新农村建设可持续和谐发展管理框架模式、对策及保障体系。四是农业科技服务体系建设方面要以近二十多年来中央一号文件农业科技服务体系建设为战略机遇，在政策上加大对农业生产经营部门农业科技服务活动的支持，要做好农业科技研究、教学、推广及应用一体化工作，在农业人才队伍建设方面加入投入力度，提高基层的农业科技推广应用的科技工作者和从事家农业生产活动的广大农民的素质，要以优惠的政策吸引外资、民间资本等进行多渠道融资，做好农业科技服务体系建设，从而增强农业对外开放合作风险防范能力。五是提出生态农业可持续发展机制创新、科技创新和生态创新对策，并从政策、技术教育、资金和法律四个方面给出了生态农业可持续发展保障体系。本章从多视角角度提出增强农业对外开放合作风险防范能力对策，以期更好地谱写农业对外开放合作新的篇章。

参考文献

[1] 张立，王学人. 我国产业对外开放中的风险与控制[J]. 人文杂志，2002（05）：49-53.

[2] 冯立刚，邓建兴，周志宇. 邓小平对外开放风险思想研究[J]. 邯郸学院学报，2008（02）：87-89.

[3] 刘振中，刘俊浩. 农业合作经济组织中订单农业的风险转移[J]. 新疆农垦经济，2010（02）：59-62.

[4] 成榕. 贸易风险防控新机制——中俄边境地区农业合作战略对策研究[J]. 世界农业，2014（11）：69-72.

[5] Silvia Amélia Mendonça, Roberto De Gregori. Analysis of the financial risk in agricultural cooperatives of Rio Grande do Sul[J]. Custos e @groneg ó cio on line - v. 7, n. 2 - May/Aug - 2011. ISSN 1808-2882. www. custoseagronegocioonline. com. br, 79-94.

[6] Yanfen Dou, Yan Jiang, Qiang Miao. Study on Risk Prevention Mechanism of the Quality and Safety of Agricultural Products - Based on the Perspective of Peasant Special Cooperative Organizations[J]. International Academic Workshop on Social Science（IAW-SC 2013），Atlantis Press, 1125-1129.

[7] Vilmar Rodrigues Moreira, Axel Freier, Claudimar Pereira da Veiga. A Review of Concepts, Strategies and Techniques Management of Market Risks in Agriculture and Cooperatives[J]. International Business Management，2016（6）：739-750.

[8] Tina L. Saitone，Richard J. Sexton，Benoˆ ı t Malan. Price premiums，payment delays，and default risk：understanding developing country farmers' decisions to market through a cooperative or a private trader[J]. International Association of Agricultural Economists，2018（49）：363-380.

[9] 郑小兰. 发展农业产业集群与新农村建设关联性研究[J]. 经济研究导刊，2009（12）：34.

[10] 陈青. 百色发展特色农业产业集群的比较优势及其利用[J]. 百色学院学报，2007（5）：53.

[11] 向会娟，曹明宏，潘泽江. 农业产业集群：农村经济发展的新途径[J]. 农村经济，2005（3）：48-49.

[12] 李志春. 发展广东农业产业集群的系统分析[J]. 南方农村，2006（4）：45.

[13] Kathryn J. Brasier，Stephan Goetz，Lindsay A. Smith，Molly Ames，Joanna Green，Tim Kelsey，Anu Rangarajan & WaltWhitmer. Small Farm Clusters and Pathways to Rural Community Sustainability[J]. Community Development，2007（38）：8.

[14] 武云亮，董秦. 中外农业产业集群研究评述[J]. 安徽农学通报，2007（19）：1.

[15] 龚学琴，张洪吉. 农业产业集群最新理论研究综述[J]. 经济论坛，2008（18）：124.

[16] 王艳荣. 农业产业集群的发展模式——基于安徽特色农产品的研究[J]. 安徽农业大学学报（社会科学版），2009（1）：26.

[17] 李碧宏. 基于"钻石"理论的武陵山区农业产业集群发展研究[J]. 重庆师范大学学报（哲学社会科学版），2012，4（05）：107-112.

[18] 向明生. 现代农业整体发展理论构建探讨[J]. 当代经济，2016，4（12）：24-26.

[19] 温小林，孙德举，庄义庆. 产业融合理论视角下的休闲农业产业发展——基于镇江市休闲农业发展实践与农业经济增长关系量化分析[J]. 江苏农业科学，2019，47（15）：26-28.

[20] 张弛. 生物技术提升农业产业转型的理论与实践——泰州市推进"高产、优质、高效、生态、安全"农业发展实例[J]. 农学学报，2021，11（04）：93-96.

[21] 张鹏程，刘从九. 国内外农业产业集群研究综述[J]. 长沙大学学院，2010（4）：16.

[22] 王文法，丁洁，李现云. 邓小平的农业科学发展观[J]. 河北北方学院学报. 2007（3）：20-23.

[23] 朱春江. 新农村建设内涵探析[J]. 安徽农学通报. 2009（19）：5.

[24] Janis Gravitis. Zero techniques and systems e ZETS strength and weakness[J]. Journal of Cleaner Production. 2007（15）：1190.

[25] 尤晨，殷向辉. 从营销视角看中国农业产业集群的发展[J]. 漳州师范学院学报（哲学社会科学版），2007（3）：17.

[26] 肖淑兰，洪艳. 实施区域品牌战略的湖南农业产业集群研究[J]. 湖南农业科学，2008（2）：125-126.

[27] 张小青. 基于集群机理的农业产业集群成长障碍与路径分析[J]. 经济问题，2009（1）：70.

[28] 郑鑫. 河南省特色生态农业产业集群研究[J]. 中共郑州市委党校学报，2006（3）：95.

[29] 王志凌，谢宝剑. 地方政府在贵州区域特色农业产业集群中的作用[J]. 农业经济，2007（1）：71-72.

[30] 黄海平，龚新蜀，黄宝连. 基于专业化分工的农业产业集群竞争优势研究——以寿光蔬菜产业集群为例[J]. 农业经济问题. 2010（4）：64.

[31] 唐德善，王锋. 水资源综合规划[M]. 南昌：江西高校出版社. 2001.

[32] Zhang Wei, Li Hulin, An Xuebing. Ecological Civilization Construction is the Fundamental Way to Develop Low-carbon Economy[J]. Energy Procedia 5（2011）840.

[33] 李晶. 生态文明视域中的可持续发展[D]. 山东大学，2007.

[34] 邓明波，徐佩瑛. 论生态文明的伦理内涵体系与科学发展观[J]. 重庆社会主义学院学报，2013（1）：12.

[35] 陈荣富. 西部大开发与农业生态文明[J]. 中国环保产业，2003（8）：19.

[36] 林丽英. 生态文明视域下的技术发展[D]. 中山大学，2009.

[37] 李鑫. 生态文明建设的理论思考[D]. 吉林大学，2009.

[38] 孙洪坤，韩露. 生态文明建设的制度体系[J]. 环境保护与循环经济2013（1）：12.

[39] 吴明红，张欣. 生态环境建设：实现生态文明的基础——以山东省为例[J]. 学术交流，2012（12）：36.

[40] 刘爱民. 生态文明视野下的环境立法研究[D]. 中国海洋大学，2006.

[41] 严也舟，何晓东. 生态文明建设研究进展[J]. 农村经济与科技，2012（12）：19.

[42] 王大明. 构建农业生态文明的产业支撑——以四川宜宾市为例[J]. 学术交流，2008（12）：146.

[43] 周生贤. 中国特色生态文明建设的理论创新和实践[J]. 中国环境监测，2012（6）：2.

[44] Arran Gare. China and the Struggle for Ecological Civilization[J]. Capitalism Nature Socialism，Vol. 23 No. 4（Dec. 2012）.

[45] 李祺，刘凌峰. 促进湖南生态农业发展 建设农业生态文明[J]. 农业科技管理，2008（6）：14.

[46] 刘雪艳. 马克思主义生态思想视阈下我国农村生态文明建设研究[D]. 河北农业大学，2012.

[47] 李帮玲，张军. 科学发展观视角下农业生态文明的构建[J]. 重庆科技学院学报（社会科学版），2011（15）：83.

[48] 何强，井文涌，王翊亭. 环境学导论[M]. 北京：清华大学出版社，2001.

[49] 李录堂，侯军岐. 资源·环境·经济可持续发展[M]. 西安：西安地图出版社，2000.

[50] 石山. 农业与生态文明建设[J]. 农业环境与发展，1996（1）：1.

[51] 董义花. 科学发展观视野下的生态文明建设研究[D]. 北京：首都师范大学，2009.

[52] 王慕镇. 生态文明视野下我国生态农业发展研究[D]. 南昌：南昌大学，2008.

[53] 刘绍伟，李凤菊. 推进传统农业"生态化"转型——农业生态产业链网构建研究[J]. 天津农业科学，2011（3）：81.

[54] 齐振宏，王培成. 博弈互动机理下的低碳农业生态产业链共生耦合机制研究[J]. 中国科技论坛，2010（11）：136.

[55] 欧阳志云，赵同谦，苗鸿，王如松，王效科. 海南制糖—酒精—能源—农业生态产业模式设计[J]. 环境科学学报，2004（5）：919.

[56] 方杰，曹邦英，涂文明，刘应洪. 基于循环经济理念的四川农业生态文明建设路经研究[J]. 发展研究，2010（12）：92.

[57] Yong Jin. Ecological civilization：from conception to practice in China[J]. Clean Techn Environ Policy（2008）10：111.

[58] 利用效率. 刘浏. 发展生态养殖业促进农业循环经济发展[J]. 农业经济，2010（1）：18.

[59] 方杰. 农业循环经济：建设农业生态文明的必然选择[J]. 西南大学学报（社会科学版），2008（6）：122.

[60] 潘宏，林清. 观光农业的发展与园区规划初探[J]. 中国农学通报，2005（8）：449.

[61] 陈永富，梅阳阳，邹娉婷，刘恩龙，俞月红. 浙江省发展现代林业的科技需求分析[J]. 农业经济与管理，2012（4）：29.

[62] 赖牡丹. 科技与道德进步在生态文明建设中的作用初探[J]. 内蒙古农业大学学报（社会科学版），2012（5）：229.

[63] 孙凤蕾. 科技应用在生态环境中的负效应及对策思考[D]. 济南：山东大学，2004.

[64] 周志太. 提高科学技术对生态文明的支撑能力——从新的视角解析十八大提出的"生态文明建设"[J]. 南京理工大学学报（社会科学版），2013（1）：36.

[65] 刘宇. 生态文明：农村发展新理念[D]. 长沙：中南大学，2007.

[66] 李辉. 枣庄市文明生态村建设现状及发展对策[D]. 泰安：山东农业大学，2010.

[67] 董恒宇. 胡锦涛同志生态文明建设思想与实践——以内蒙古为例[J]. 中央社会主义学院学报，2012（6）：26.

[68] Wan E'Xiang. Establishing an Environmental Public Interest Litigation System and Promoting the Building of an Ecological Civilization[J]. Chinese Law and Government，vol. 43，no. 6，November-December 2010，pp. 30.

[69] 周雪. 我国农村生态文明建设问题研究[D]. 大连：大连海事大学，2009.

[70] 孙佑海. 生态文明建设需要法治的推进[J]. 中国地质大学学报（社会科学版），2013（1）：11.

[71] 柏振忠. 世界主要发达国家现代农业科技创新模式的比较与借鉴[J]. 科技进步与对策，2009（24）：39.

[72] BAI Zhen-zhong. Comparison and Reference of Modern Agricultural Science and Technology Innovation in the World's Major Developed Countries[J]. Science & Technology Progress and Policy，2009（24）：39.

[73] 崔春晓，李建民，邹松岐. 美国农业科技推广体系的组织框架、运行机制及对中国的启示[J]. 农村经济与科技，2012（8）：120.

[74] CUI Chun-xiao，LI Jian-min，ZOU Song-qi. Organization

Framework, Operational Mechanism of Agricultural Science and Technology Extension System in the United States and Its Enlightenment to China[J]. Rural Economy and Science-Technology, 2012（8）: 120.

[75] 曹培忠，周艳波，赵静静，郑华. WTO 条件下中国农业法律体系生态化构筑研究——以美国的农业 Security and Investment 为中心[J]. 中国地质大学学报（社会科学版），2004（5）: 77.

[76] CAO Pei-zhong, ZHOU Yan-bo, ZHAO Jing-jing, ZHENG Hua. Study on the Ecological Construction of Agricultural Laws System under the Condition of Accession to WTO —— Focus on the Farm Security and Rural Investment Act of 2002[J]. Journal of China University of Geosciences（Social Sciences Edition），2004（5）: 77.

[77] 陈亚丹. 美国农业科技推广体系及其对中国的启示[J]. 经济丛刊，2005（5）: 23-24.

[78] CHEN Ya-dan. Agricultural Sci-Tech Extension System in United States and Its Enlightenment to China[J]. Economic Review, 2005（5）: 23-24.

[79] G. F. Sassenrath, P. Heilman, E. Luschei, G. L. Bennett, G. Fitzgerald, P. Klesius, W. Tracy, J. R. Williford, P. V. Zimba. Technology, Complexity and Change in Agricultural Production Systems[J]. Renewable Agriculture and Food Systems: 2008（4）: 285.

[80] 顾和军. 2007 年美国农业法提案的主要内容及对中国的启示[J]. 世界农业，2008（12）: 30-33.

[81] GU He-jun. The Main Contents of Agriculture Law Proposal in the United States in 2007 and to China's Enlightenment[J]. World Agriculture, 2008（12）: 30-33.

[82] 黄国清，宋心果，邱波. 美国农业科技推广的经验及对我国的启示[J]. 湖北农业科学，2011（3）: 646-648.

[83] 陈潇. 美国农业现代化发展的经验及启示[J]. 经济体制改革，2019

（06）：157-162.

[84] 陈天金，任育锋，柯小华. 中国与欧美农业科技创新体系对比研究 [J]. 中国农业科技导报，2020，22（11）：1-10.

[85] HUANG Guo-qing，SONG Xin-guo，QIU Bo. Experience and Enlightenment of American Agricultural Science and Technology Extension[J]. Hubei Agricuhural Sciences，2011（3）：646-648.

[86] 黄俊. 对我国农业科技创新体系建设若干问题的思考——美国农业科技创新体系的启发与借鉴[J]. 农业科技管理，2011（3）：2.

[87] HUANG Jun. Thoughts of the Construction of Agricultural Innovation System in Science and Technology in China —— Enlightenment and Reference of agriculture innovation system in science and technology in the United States[J]. Management of Agricultural Science and Technology，2011（3）：2.

[88] 柳光强，王海. 美日农业法比较及借鉴[J]. 甘肃农业，2003（8）：55-56.

[89] LIU Guang-qiang，WANG Hai. American and Japanese Agriculture Law Comparison and Reference[J]. Gansu Agriculture，2003（8）：55-56.

[90] 彭宇文，吴林海. 中美农业科技资金投入比较及对策分析[J]. 中国科技论坛，2007（12）：89-92.

[91] PENG Yu-wen，WU Lin-hai. Analysis on Comparison and Countermeasures of Funding of Agricultural Science and Technology Between China and USA[J]. Forum on Science and Technology in China，2007（12）：89-92.

[92] Ron Smith. Agricultural Experiment Stations Provide Catalyst for 150 Years of Innovations in Agriculture [J]. Great Innovations and Technologies，2010（12）：8.

[93] 翁鸣，赵玮. 美国农业谈判的影响因素透视[J]. 农业展望，2007（11）：27.

[94] WENG Ming，ZHAO Wei. The Perspective on the Influence Factors of the Agriculture Negotiations in the United States[J]. Agriculture Outlook，2007（11）：27.

[95] 王若溪. 2008 年美国农业法对园艺类作物贸易的影响分析[J]. 宁夏大学学报（人文社版），2009（1）：157.

[96] WANG Ruo-xi. The Influence Analysis of Agriculture Law to Gardening Class Crops Trade in the USA in 2008[J]. Journal of Ningxia University(Humanities& Social Sciences Edition，2009(1)：157.

[97] 汪学军. 中美农业科技发展模式比较分析[J]. 农业经济问题，2010（8）：52-55.

[98] WANG Xue-jun. Comparative Analysis of the Development Model of Agricultural Science and Technology between China and USA[J]. Issues in Agricultural Economy，2010（8）：52-55.

[99] 徐世平. 美国农业法变迁探析[J]. . 甘肃农业，2005（11）：139.

[100] XU Shi-ping. Analysis of the Changes of Agricultural Law in the United States[J]. Gansu Agriculture，2005（11）：139.

[101] 谢义亚. 美国农业科技的发展[J]. 世界农业，1999（1）：6.

[102] XIE Yi-ya. The Development of Agricultural Science and Technology in the United States[J]. World Agriculture，1999（1）：6.

[103] Yucan Liu，C. Richard Shumway. Induced Innovation in U. S. Agriculture：Time-Series，Direct Econometric，and Nonparametric Tests[J]. Amer. J. Agr. Econ. 2009（1）：224.

[104] 余学军. 美国农业科技推广经验与中国的创新——以浙江农林大学科技特派员实践为例[J]. 世界农业，2012（3）：17.

[105] YU Xue-jun. Extension Experience of Agricultural Science and Technology in USA and China's innovation——Take the Special Representative Practice on Science and Technology in Zhejiang A & F University as the Example [J]. World Agriculture，2012（3）：17.

[106] 张静. 我国农业科技创新能力与效率研究——基于区域比较视角的研究[D]. 杨凌：西北农林科技大学，2011.

[107] ZHANG Jing. Study on Innovation Ability and Efficiency of Agricultural Science and Technology in China---from Regional Comparative Perspective[D]. Northwest A & F University，2011.

[108] 郑林庄. 从美国农业的经历看农业劳动生产率问题[J]. 学习与探索，1979（4）：24.

[109] ZHENG Lin-zhuang. Agricultural Labor Productivity From the Experience of the Agriculture of USA[J]. Study & Exploration，1979（4）：24.

[110] 张乃芹. 新中国农业法制建设演进[J]. 科技与法制，2009（15）：390.

[111] ZHANG Nai-qin. Evolution of agricultural legal construction in new China[J]. Science and Technology Information，2009（15）：390.

[112] 赵兴泉，李建新. 美国农业科技创新服务体系建设的经验和启示（上）[J]. 浙江现代农业，2001（2）：37.

[113] ZHAO Xing-quan，LI Jian-xin. The Experience and Enlightenment of Service System Construction of Agriculture Innovation in Science and Technology in USA（To be continued）[J]. Zhejiang Modern Agriculture，2001（2）：37.

[114] 椿博行，曾仁寿. 中国与东盟的贸易现况和展望[J]. 南洋资料译丛，1985（2）：34，35-38.

[115] 夏鲁平. 海南热带高效农业发展的机遇和挑战——浅论中国加入WTO 和东盟自由贸易区后海南农业的应对策略[J]. 特区展望，2001（6）：6-9.

[116] 杨亚非. 中国—东盟自由贸易区与广西农业[J]. 东南亚纵横，2003（12）：24-30.

[117] 周雪春. 中国东盟农业合作进展与影响分析[J]. 农业经济，2007（1）：27-29.

[118] 陈前恒，吕之望. 中国与东盟农业合作状况与展望[J]. 东南亚研究，2009（4）：46-50.

[119] 张莎. 中国东盟农业合作：现状、问题及对策[D]. 上海：华东师范大学，2013.

[120] 曹云华，胡爱清. "一带一路"倡议下中国—东盟农业互联互通合作研究[J]. 太平洋学报，2015（12）：73-82.

[121] 张鑫. 中越跨境农业区域经济合作研究[J]. 现代经济探讨，2016（12）：87-91.

[122] 尚永辉，魏君英. "一带一路"下中国与东盟农业合作研究[J]. 合作经济与科技，2017（9）：9-11.

[123] 吴昕泽. 新世纪以来中国——东盟农业合作研究[D]. 北京：北京外国语大学，2017.

[124] 王永春，王秀东. 中国与东盟农业合作发展历程及趋势展望[J]. 经济纵横，2018（2）：88-95.

[125] 吕玲丽，邓覃宇. "一带一路"背景下中国—东盟农业技术合作调研报告——基于东盟国家需求视角[J]. 世界农业，2019（3）：84-89.

[126] 张锡嘏. 国际贸易[M]. 北京：对外经济贸易大学出版社，2011.

[127] 钦北愚. 论比较成本学说的科学因素及其应用[J]. 贵州社会科学，1981（5）：16-21.

[128] 何凌天. 论李嘉图"比较成本学说"的历史局限性与理论局限性[J]. 安徽大学学报（哲学社会科学版），1981（1）：35，36-42.

[129] 赵璐璐. 中国与东盟纺织服装贸易竞争性与互补性研究[D]. 北京：首都经济贸易大学，2011.

[130] [瑞典]伯尔蒂尔·奥林. 地区间贸易和国际贸易[M]. 王继祖，等，译校. 北京：商务印书馆，1986.

[131] Emilio Galdeano-Go'mez. Exporting and Environmental Performance：A Firm-level Productivity Analysis[J]. World Economy，2010，33（1）：60-88.

[132] Lemma Gudissa. The Role of Customs Tariff：A Historical，

Theoretical and Empirical Review [J]. Journal of Economics and Sustainable Development 2014，5（11）：94-102.

[133] 徐建伟，葛岳静，胡志丁. 比较优势、国际分工与发展战略[J]. 经济地理，2012（5）：16-22.

[134] 陈燕赟. 基于要素禀赋理论的我国现代农业发展分析[J]. 四川文理学院学报，2015（4）：49-53.

[135] 郭将，赵景艳. 欠发达地区要素禀赋结构与转移产业的空间匹配问题研究——基于潜在性比较优势理论[J]. 中国发展，2016（2）：63-69.

[136] Ayse M. Erdogan. Bilateral trade and the environment：A general equilibrium model based on new trade theory[J]. International Review of Economics and Finance，2014，34：52-71.

[137] 朱春江. 现代农业科技创新 SWOT 分析 [J]. 广东农业科学，2013（3）：189-193.

[138] 何明智，黄祖江. 东南亚知识概论[M]. 南宁：广西人民出版社，2008.

[139] 尚永辉，魏君英. "一带一路"下中国与东盟农业合作研究[J]. 合作经济与科技，2017（9）：9-11.

[140] 刘稚，罗圣荣. 东南亚概论（第 2 版）[M]，昆明：云南大学出版社，2016.

[141] Joseph P. Kaboski, Trevon D. Logan. Kaboski. Factor Endowments and the Returns to Skill：New Evidence from the American Past[J]. Journal of Human Capital，2011，5（2）：111-152.

[142] 苏珊珊，霍学喜，黄梅波. 中国与"一带一路"国家农业投资合作潜力和空间分析[J]. 亚太经济，2019（2）：112-121.

[143] 张世煌. 关于我国农业科技创新体系建设几个问题的思考[J]. 作物杂志，2012（2）：1-4.

[144] 于海龙，张振. "一带一路"背景下我国农业对外合作的潜力、风险与对策研究[J]. 经济问题，2018（2）：108-112，122.

[145] Martin Cameron，Wilma Viviers & Ezra Steenkamp. Breaking the 'big data' barrier when selecting agricultural export markets：an innovative approach[J]. AGREKON，2017，56（2）：139-157.

[146] 廖东声. CAFTA 背景下中国企业投资东盟农业的 SWOT 分析[J]. 东南亚纵横，2009（12）：46-51.

[147] 郑启恩，凌磊，唐辉. 论中国企业投资非洲农业的机遇及其风险规避[J]. 上海农业科技，2013（4）：1-2.

[148] 尹兴宽. 中国企业境外农业投资风险规避研究[J]. 农业经济，2016（1）：115-117.

[149] 王禹，李干琼，李哲敏，等. "一带一路"背景下中国和泰国农业合作研究[J]. 农业展望，2017（1）：54-57.

[150] 成华，王强，施一成. 江苏省农村产业融合发展的环境及态势分析[J]. 江苏农业科学，2019（15）：72-76.

[151] 朱春江，古龙高. 基于 SWOT 分析的连云港市农业产业集群发展策略研究[J]. 安徽农业科学，2012（2）：1095-1097.

[152] 范郁尔，胡晨浩，李进，等. "一带一路"背景下连云港市开展农业国际合作的路径探索[J]. 浙江农业科学，2017（1）：166-170.

[153] 刘乃郗，韩一军，刘邦凡. 逆全球化背景下中国农业海外投资风险与对策[J]. 哈尔滨工业大学学报(社会科学版)，2018(1)：127-132.

[154] 朱春江，范郁尔，骆汝九等. 基于要素禀赋理论的中国—东盟农业合作潜力分析[J]. 贵州农业科学，2020（5）：162-166.

[155] 陈伟，熊启泉. 中国农业"走出去"面临的国家风险及其防范[J]. 农村经济，2010（12）：13-16.

[156] 喻燕. 中国企业海外耕地投资战略风险研究[D]. 武汉：华中科技大学，2011.

[157] 赵威. 中国对外直接投资的风险预警与防范[D]. 大连：东北财经大学，2012.

[158] 高勇. 中国农业企业对外直接投资的风险与对策分析[D]. 重庆：重庆师范大学，2012.

[159] 宋林燕. 我国海外粮食产业投资的风险管理研究[D]. 武汉：武汉工业学院，2012.

[160] 何腊柏. 境外资源合作风险防范与控制[M]. 北京：冶金工业出版社，2013.

[161] 张友棠. 中国企业海外投资的风险辨识模式与预警防控体系研究[M]. 北京：中国人民大学出版社，2013.

[162] 宋洁. 构建新疆企业投资哈萨克斯坦农业风险的应对机制研究[D]. 乌鲁木齐：新疆农业大学，2013.

[163] 洪笑然. 中国对非洲农业投资的风险及控制研究[D]. 江西师范学院，2014.

[164] 王睦谊. "一带一路"倡议背景下中国对苏丹直接投资的风险研究[D]. 北京：北京外国语大学，2016.

[165] 娜迪拉·甫拉提. 中国对哈萨克斯坦农业投资风险研究[D]. 北京：对外经济贸易大学，2016.

[166] 张芯瑜. 中国农业企业对外直接投资项目风险评价[J]. 湖北农业科学，2017（11）：2184-2189.

[167] 赵勇. "一带一路"背景下山东省对外农业投资的风险及对策建议[J]. 山东经济战略研究，2017（12）：46-48.

[168] 毛林妹. 民营企业对外农业直接投资风险评价研究——以四川、云南116家民营企业为例[D]. 雅安：四川农业大学，2017.

[169] 周晶晶. 我国对外粮食直接投资风险分析及防范[D]. 武汉：武汉轻工大学，2017.

[170] 杨理智，张韧，刘科峰等. 中国"一带一路"投资安全风险评估[DB]. 皮书数据库，2018.

[171] 范凝竹. G公司对越南农业直接投资风险分析[D]. 南宁：广西民族大学，2019.

[172] 赵捷，姜小鱼，陈秋分. "一带一路"农业投资风险评估及其对农业"走出去"的启示[J]. 农业现代化研究，2020（6）：1-9.

[173] 陈利霞，刘守亮. 国际政治中的跨国公司与东道国政府关系论析[J].

山东社会科学，2009（9）：131-133.

[174] 张学志，陈功玉. AHP 与 Delphi 法相结合确定供应商评价指标权重[J]. 物流技术，2005（9）：72.

[175] 曾志嵘，俞守义，王冬，李莉. 运用 Delphi 法构建专家评价教师课堂教学质量体系[J]. 广东教育学院学报，2006（2）：68-69.

[176] 罗佐县. 区域可持续发展评价指标体系若干问题研究[J]，宁夏党校学报，2003（5）：89.

[177] 吴晓磊，叶鹰. 对台湾工农业产品产量的主成分分析[J]. 应用数学，2002，15（增）：31-35.

[178] 章文波，陈红艳编著. 实用数据统计分析及 SPSS12.0 应用[M]. 北京：人民邮电出版社，2006.

[179] 水延凯，江立华. 社会调查教程（第 6 版）[M]. 北京：中国人民大学出版社，2014.

[180] 汪晶晶，马惠兰，唐洪松，冉锦成. 基于 BP 神经网络的中国对外农业投资环境评价[J]. 华东经济管理，2018（6）：85-90.

[181] 秦越，徐翔宇，许凯，李爱花，杨大文. 农业干旱灾害风险模糊评价体系及其应用[J]. 农业工程学报，2013（10）：83-91.

[182] 汪应洛. 系统工程理论方法与应用[M]. 北京：高等教育出版社，1992.

[183] Yu. N. Minaev;O. Yu. Filimonova;J. I. Minaeva;A. Filimonov. Fuzzy Mathematics with Limited Possibilities for Assigning Membership Functions[J]. Cybernetics and Systems Analysis，2020（1）：29-39.

[184] Martin T. Hagan，Howard B. Demuth，Mark H. Beale. 神经网络设计[M]. 第 1 版. 北京：机械工业出版社，2002.

[185] 茹蕾，姜晔，陈瑞剑. "一带一路"建设和京津冀协同发展背景下河北省农业对外投资合作路径探析[J]. 世界农业，2017（12）：87-92.

[186] 郭昕. 构建新时期农业"走出去"支持政策体系[J]. 国际经济合作，2018（1）：56-59.

[187] 张国梅, 冯香入. 河北省农业企业"走出去"的困境与对策研究[J]. 现代农业研究, 2020 (2): 21-22.

[188] 钟钰, 赵长和, 王立鹤. 新时期促进我国农业对外投资的对策研究 [J]. 经济纵横, 2016 (5): 131-132.

[189] 杨光, 柏娜, 陈瑞剑. 我国农业对外投资合作的特点及形势分析[J]. 农业经济, 2019 (11): 131-132.

[190] 杨易, 陈瑞剑. 对外农业投资合作资金支持政策现状、问题与政策建议[J]. 世界农业, 2012 (6): 33-37.

[191] 白睿, 乔立娟, 张倩, 宗义湘. 中国农业"走出去"金融支持体系与企业融资框架解析[J]. 世界农业, 2016 (12): 190-194 + 260.

[192] 卢现祥. 新制度经济学(第二版)[M]. 武汉: 武汉大学出版社, 2011.

[193] 吕中楼. 新制度经济学研究[M]. 北京: 中国经济出版社, 2005.

[194] 朱春江, 许强. 管理学原理与实践[M]. 成都: 西南交通大学出版社, 2016.

[195] Wolfram Elsner. The Theory of Institutional Change Revisited: The Institutional Dichotomy, Its Dynamic, and Its Policy Implications in a More Formal Analysis[J]. Journal of Economic Issues, 2012 (1): 1-42.

[196] 付蓉. 我国企业"走出去"困境的新制度经济学研究[D]. 北京: 对外经济贸易大学, 2004.

[197] Carsten Herrmann-Pillath. Power, ideas and culture in the 'longue durée' of institutional evolution: theory and application on the revolutions of property rights in Russia[J]. Journal of Evolutionary Economics, 2019 (5): 1483-1506.

[198] 王耀光. 交易费用的定义、分类和测量研究综述[J]. 首都经济贸易大学学报, 2013 (5): 105-113.

[199] 沈满洪, 张兵兵. 交易费用理论综述[J]. 浙江大学学报(人文社会科学版), 2013 (1): 10-24.

[200] 韦克游. 农民专业合作社信贷融资治理结构研究——基于交易费用理论的视角[J]. 农业经济问题，2013（5）：62-69.

[201] 王兆华，武春友. 基于交易费用理论的生态工业园中企业共生机理研究[J]. 首都经济贸易大学学报，2002（8）：9-13.

[202] 兰玲，高鑫. 现代产权理论研究述评[J]. 内蒙古民族大学学报（社会科学版），2012（2）：42-46.

[203] 史忠良，刘劲松. 产权理论与国有资产管理[J]. 首都经济贸易大学学报，2006，8（1）：10-14.

[204] 曹钢. 产权理论历史发展、两种研究定位及对《产权分析的两种范式》之质疑[J]. 中国社会科学院研究生院学报，2002（1）：29-40＋110.

[205] 郑后建. 论自主知识产权与我国外经贸发展[J]. 对外经济贸易大学学报，2005（3）：82-87＋96.

[206] 崔鑫生. 中美贸易中的知识产权争端问题探析[J]. 知识产权，2008（3）：86-89.

[207] 徐虹飞. 欧盟知识产权保护对我国对外直接投资[D]. 北京：对外经济贸易大学，2017.

[208] 曹艳红. 发达国家农业知识产权服务体系的运作经验及其借鉴[J]. 世界农业，2017（10）：154-160.

[209] 李玲. 国外农业知识产权立法研究及启示[J]. 世界农业，2013（10）：59-62.

[210] 杨晓娟. 发达国家农业知识产权服务体系对我国的启示[J]. 西北农林科技大学学报（社会科学版），2017（1）：136-143.

[211] 杨晓娟，樊志民. 农业知识产权制度的审视与完善[J]. 西北农林科技大学学报（社会科学版），2016（3）：142-148.

[212] 张艾妮. 中国应对多边投资协议谈判的策略研究[J]. 广东海洋大学学报，2009（2）：32-34.

[213] 李年俊，李增华. 新时代习近平人才观探析[J]. 学术探索，2018（1）：7-13.

[214] 周建民. 塑造国有外贸企业的人才战略核心竞争力[J]. 中国经贸，

2007（5）：68-71.

[215] 朱春江，Surendra P. Singh，Sammy Comer，范郁尔，屠高. 现代农业科技创新问题 SWOT 分析[J]. 广东农业科学，2013（3）：189-193.

[216] 张怡. 中国自由贸易试验区制度创新研究[D]. 长春：吉林大学，2018.

[217] 任春杨. 中国自由贸易区投资制度优化研究——基于公共产品双重外溢视角[D]. 长春：吉林大学，2017.

[218] 王秀芳，唐娅楠，石冉. 我国农业科技创新风险投资制度研究[J]. 农林经济管理学报，2015（2）：152-159.

[219] 王丰，杨少垒. 农业生产基地的困境与破解途径[J]. 经济问题，2010（11）：71.

[220] 莫明荣，陆耀邦，王辉武. 广西横县发展农业产业集群的调查[J]. 中国农业资源与区划，2007（6）：52.

[221] 谢舜，蒋永甫. 农村民间组织：在"政府"与"市场"之间——以桂东南地区农民经济合作组织为例[J]. 江汉论坛，2010（3）：38.

[222] 张小青. 基于集群机理的农业产业集群效应与地方政府经济行为分析[J]. 贵州农业科学，2009（3）：68.

[223] 张廷海，武云亮. 农业产业集群的发展模式与演化机理——以安徽省为例[J]. 华东经济管理，2009（7）：16.

[224] 蔡学锐，张兆芬. 法国农业产业信息化及对我们的启示[J]. 计算机与农业，2001（4）：32.

[225] 段莉. 典型国家建设农业科技创新体系的经验借鉴[J]. 科技管理研究，2010（4）：23.

[226] 洪银兴，郑江淮. 反哺农业的产业组织与市场组织——基于农产品价值链的分析[J]. 管理世界，2009（5）：67.

[227] 段佳利. 农业产业集群的研究综述[J]. 产业与科技论坛，2013（21）：30-32.

[228] 姚云浩. 农业产业集群识别及评价综述[J]. 中国农学通报，2014，

30（11）：67-71.

[229] 蒋静. 中国农业产业集群与信息获取、农业收益的关系研究[J]. 广西农业机械化，2019（05）：89-90.

[230] 黄福江，高志刚. 国内外农业产业集群研究综述与展望[J]. 新疆农垦经济，2016（03）：87-92.

[231] 张爱武，王芬. 社会主义新农村乡风文明建设的理论基础[J]. 辽宁省社会主义学院学报，2012（04）：70-72.

[232] 高彩娥. 探析新农村建设中农村经济管理的新举措[J]. 山西农经，2020（18）：73-74.

[233] 刘秀红. 新农村建设环境下农业经济管理的优化[J]. 中国集体经济，2021（20）：26-27.

[234] 郝树荣，郭相平，朱成立等. 江苏省沿海滩涂开发模式和建设标准研究[J]. 水利经济，2007（4）：14.

[235] 许长新，邱珍英. 沿海滩涂开发与环境保护的可持续发展[J]. 海洋开发与管理，2004（6）：8.

[236] 王书明. 沿海滩涂开发与环境友好型社会建设[J]. 中国海洋大学学报（社会科学版），2007（2）：22.

[237] 马秀敏. 论葫芦岛市现代农业示范基地的可持续发展[J]. 农业经济，2008（4）：39.

[238] 周中林. 农业龙头企业循环经济技术创新目标探析[J]. 农业现代化研究，2007（3）：190.

[239] 李建琴. 农村环境治理中的体制创新——以浙江省长兴县为例[J]. 中国农村经济，2006（9）：63.

[240] 李敏义. 构建新农村人才培养的长效机制[J]. 埋论观察，2008（5）：95.

[241] 盛杰，王晓洁. 筑牢乡土人才"堡垒"，建设港城新农村——关于连云港市乡土人才情况调研[J]. 连云港职业技术学院学报，2009（4）：46.

[242] 柴剑峰. 基于新农村人才开发的科技特派员制度运行模式创新[J].

科技进步与对策，2008（8）：128.

[243] 王丽平，徐海斌，赵桂东. 现代农业科技服务体系的特征及发展建议[J]. 现代农业科技，2017（11）：259 + 261.

[244] 王瑞萍. 农业科技服务模式分析借鉴与创新研究——以山西省为例[J]. 科技创新与生产力，2017（01）：8-11 + 15.

[245] 本刊编辑部. 奋进"十四五"提高农业科技服务效能[J]. 中国农村科技，2021（05）：1.

[246] 田闻笛. 我国农业科技推广体制的演变与现状研究[J]. 东南大学学报（哲学社会科学版），2016，18（S1）：91-93.

[247] Antti Pelkonen. The problem of integrated innovation policy：analyzing the governing role of the Science and Technology Policy Council of Finland[J]. Science and Public Policy，2006（11）：669.

[248] Les Levidow. Democratizing Agri-Biotechnology? European Public Participation in Agbiotech Assessment[J]. Comparative Sociology，2009（8）：541.

[249] 朱春江，唐德善，古龙高. 农业产业集群探析[J]. 农业经济，2012（1）：57-59.

[250] 王云多. 农业科技创新问题分析及对策[J]. 哈尔滨商业大学学报（社会科学版），2009（5）：67-70.

[251] Karl Hillman，Måns Nilsson，Annika Rickne，Thomas Magnusson. Fostering sustainable technologies：a framework for analysing the governance of innovation systems[J]. Science and Public Policy，2011（5）：403.

[252] 余敬，董青. 技术创新新论：生态技术创新[J]. 科技进步与对策，2000（3）：41.

[253] 戴小枫，叶志华，王韧. 建设国家农业创新体系的目标、任务、内容和原则[J]. 科学中国人，1999（2）：15.

[254] 高文杰，刘玉才，唐春云. 生态创新的几个基本问题[J]. 中国环境管理，2000（6）：14.

[255] 李炳毅，王玉宇. 我国实施可持续发展战略面临的问题与对策[J]. 西北人口，1999（1）：41.

[256] 张社尧. 生态创新理念与可持续发展[J]. 生态科学，2004（3）：252.

[257] 刘志成，余倩瑜. 我国生态农业可持续发展的研究[J]. 中国商论，2015（23）：143-145.

[258] 徐宏. 江苏省农业生态可持续发展评价[J]. 中国农业资源与区划，2019，40（08）：164-170.

[259] 郭浩. 生态农业可持续发展的困境与对策[D]. 长沙：中南林业科技大学，2020.

附　录

调查问卷

尊敬的专家您好：

我是江苏高校哲学社会科学研究重大项目《农业对外开放合作风险防范体系架构研究——以国家首批农业对外开放合作试验区连云港为例》课题组成员。项目拟通过构建合理科学的指标体系，进而对农业对外开放合作风险进行预警，为政府制定有关政策提供依据。项目组已做了评价指标的初步筛选工作，您是评价方面的资深专家，请您按评价指标相对重要性的大小对指标进行打分。本次调查问卷填写不记名，对您的回答严格保密，调查数据只用于统计分析，不会给您带来任何麻烦，真诚希望得到您的帮助！

非常感谢您在百忙之中的大力支持！

说明：（1）农业对外开放合作风险防范体系由"政治风险、经济风险、社会文化风险、管理风险、突发事件风险"五个子系统组成。请您为一级指标、二级指标打分！

（2）填写的每个指标分值为"5，4，3，2，1"五个分值之一。

一、一级指标打分表

指标	政治风险	经济风险	社会文化风险	管理风险	突发事件风险
请您为每一个指标打分					

二（1）、二级指标"政治风险"打分表

指标	东道国政治稳定性	农业政策变动风险	政府行政效率风险	农业保护主义风险	与东道国的国际关系风险	法律风险
请您为每一个指标打分						

二（2）、二级指标"经济风险"打分表

指标	经济增长率	进出口贸易增长率	汇率变动风险	通货膨胀风险	贸易壁垒风险	市场准入风险
请您为每一个指标打分						

二（3）、二级指标"社会文化风险"打分表

指标	跨文化冲突风险	种族冲突风险	宗教冲突风险	劳动力资源风险	消费偏好差异风险	知识产权保护风险
请您为每一个指标打分						

二（4）、二级指标"管理风险"打分表

指标	战略决策风险	资金管理风险	财务管理风险	组织结构风险	组织运营风险	信息管理风险
请您为每一个指标打分						

二（5）、二级指标"突发事件风险"打分表

指标	战争内乱风险	自然灾害风险	突发重大公共卫生事件风险	社会安全风险	事故灾难风险	罢工风险
请您为每一个指标打分						

您的单位名称：＿＿＿＿＿＿＿＿＿＿＿＿＿＿＿＿＿＿＿＿